crevettes

Photographies : Warren Webb et Andrew Elton
Création des recettes : Stephanie Souvlis, Jenny Fanshaw,
  Ellen Argyriou et Di Kirby
Stylistes : Stephanie Souvlis et Di Kirby
Direction artistique : Vincent Wee

Conception de la maquette : Jean-François Lejeune
Infographie : Manon Léveillé

Données de catalogage avant publication (Canada)

Vedette principale au titre :
  Crevettes

  (Tout un plat!)
  Traduction de : The great prawn cookbook.

  1. Cuisine (Crevettes).   I. Cousineau, Linda.   II. Collection.

TX747.G7714 2002   641.6'95   C2002-941092-4

Pour en savoir davantage sur nos publications,
visitez notre site : **www.edhomme.com**
Autres sites à visiter : www.edjour.com • www.edtypo.com
www.edvlb.com • www.edhexagone.com • www.edutilis.com

L'ouvrage original a été publié
par R&R Publications Marketing Pty Ltd.
sous le titre *The Great Prawn Cookbook*

Dépôt légal : 4ᵉ trimestre 2002
Bibliothèque nationale du Québec

ISBN 2-7619-1694-8

DISTRIBUTEURS EXCLUSIFS :

• Pour le Canada
et les États-Unis :
MESSAGERIES ADP*
955, rue Amherst
Montréal, Québec
H2L 3K4
Tél. : (514) 523-1182
Télécopieur : (514) 939-0406
* Filiale de Sogides ltée

• Pour la France et les autres pays :
VIVENDI UNIVERSAL PUBLISHING SERVICES
Immeuble Paryseine, 3, Allée de la Seine
94854 Ivry Cedex
Tél. : 01 49 59 11 89/91
Télécopieur : 01 49 59 11 96
Commandes : Tél. : 02 38 32 71 00
                        Télécopieur : 02 38 32 71 28

• Pour la Suisse :
VIVENDI UNIVERSAL PUBLISHING SERVICES SUISSE
Case postale 69 - 1701 Fribourg - Suisse
Tél. : (41-26) 460-80-60
Télécopieur : (41-26) 460-80-68
Internet : www.havas.ch
Email : office@havas.ch
DISTRIBUTION : OLF SA
Z.I. 3, Corminbœuf
Case postale 1061
CH-1701 FRIBOURG
Commandes : Tél. : (41-26) 467-53-33
                        Télécopieur : (41-26) 467-54-66

• Pour la Belgique et le Luxembourg :
VIVENDI UNIVERSAL PUBLISHING SERVICES BENELUX
Boulevard de l'Europe 117
B-1301 Wavre
Tél. : (010) 42-03-20
Télécopieur : (010) 41-20-24
http://www.vups.be
Email : info@vups.be

Gouvernement du Québec – Programme de crédit d'impôt pour l'édition de livres – Gestion SODEC.

L'Éditeur bénéficie du soutien de la Société de développement des
entreprises culturelles du Québec pour son programme d'édition.

Nous reconnaissons l'aide financière du gouvernement du Canada par
l'entremise du Programme d'aide au développement de l'industrie de
l'édition (PADIÉ) pour nos activités d'édition.

Achat et conservation

• Les crevettes crues sont offertes soit entières ou décortiquées et déveinées, et ce, tant fraîches que surgelées. Quant aux crevettes cuites, on les trouve entières, décortiquées et déveinées. Pour des crevettes crues, rechercher celles dont le corps est ferme, la chair humide et la carapace encore serrée et intacte.

• Ne pas recongeler des crevettes crues qui ont déjà été surgelées. Si vous prévoyez utiliser vos crevettes le soir même ou le lendemain, il suffit de les enlever du sac de plastique et de les mettre dans un bol couvert au réfrigérateur. Cependant, si vous ne prévoyez les utiliser que dans quelques jours et que vous ne voulez pas les congeler, voici comment procéder.

• **Crevettes crues.** Les conserver dans un bol d'eau glacée et ajouter des glaçons au fur et à mesure que ceux-ci fondent. Utiliser dans les 48 heures.

• **Crevettes cuites.** Les conserver dans un bol de glaçons et ajouter des glaçons au fur et à mesure que ceux-ci fondent. Ne pas laisser les crevettes tremper dans l'eau, elles perdraient leur saveur. Utiliser dans les 48 heures.

• Ne pas décortiquer les crevettes. La carapace les protège contre la déshydratation.

• Pour congeler des crevettes crues, les placer dans un contenant de plastique rempli d'eau. Ne pas ajouter de sel. Couvrir et mettre au congélateur. L'eau forme un bloc de glace qui protège les crevettes des brûlures de congélation. Pour les dégeler, placer le contenant au réfrigérateur pendant 24 h. Les crevettes congelées peuvent être conservées pendant 3 mois.

TEMPS DE CUISSON APPROXIMATIFS

MÉTHODE DE CUISSON	GROSSEUR DES CREVETTES	TEMPS DE CUISSON APPROXIMATIF
Vapeur	Moyennes à grosses	10 à 15 min
	Petites à moyennes	5 à 10 min
Liquide bouillant ou mijotant	Grosses	5 à 6 min/kg
	Moyennes	3 à 4 min/kg
	Petites	2 à 3 min/kg
Grande friture	Moyennes	2 à 4 min
Barbecue ou grill	Moyennes	2 à 4 min
Micro-ondes	Par 125 g dans une marinade	2 min

GUIDE D'ÉVALUATION DE LA FRAÎCHEUR DES CREVETTES

ASPECT		FRAÎCHES	DÉFRAÎCHIES
À L'ŒIL	État de la carapace	Propre, intacte	Endommagée, molle
	Couleur	Vive, brillante	Plus foncée aux extrémités des différents segments du corps, des pattes, de la carapace en général, ou au niveau de la chair autour de l'intestin. Régions sèches, mates et décolorées
	Tête	Solidement attachée	Lâchement retenue, décolorée
AU TOUCHER	Chair	Ferme	Molle, texture visqueuse ou sableuse
À L'ODEUR		Faible odeur de marée, odeur légère « de crevettes »	Odeur sucrée désagréable, devenant forte ; odeur chimique ou d'ammoniaque

Note : Une coquille molle et brisée ne signifie pas nécessairement une qualité douteuse. En effet, la coquille peut être plus molle parce que la crevette vient de muer.

tout un plat !

crevettes

Traduit de l'anglais par Linda Cousineau

LES ÉDITIONS DE L'HOMME

La préparation des crevettes

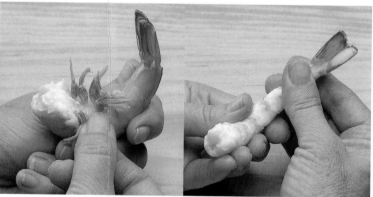

CREVETTES PAPILLON

Cette opération se fait habituellement avec des crevettes crues et elle permet d'améliorer l'aspect visuel des crevettes tout en les faisant paraître plus grosses.

Inciser la crevette décortiquée sur le sens de la longueur sans couper sur toute la largeur. De façon traditionnelle, l'incision est pratiquée le long du ventre de la crevette, mais on peut aussi la faire le long du dos pour donner une forme circulaire à la crevette qui paraîtra ainsi plus grosse.

DÉCORTIQUER DES CREVETTES

1. Tordre délicatement la tête de la crevette et tirer.
2. Avec les doigts, écarter la carapace en commençant sous le ventre. (Les pattes resteront attachées à la carapace.)
3. Presser délicatement la queue pour libérer la chair de la crevette. On peut, au choix, enlever ou laisser le bout de la queue selon la recette ou la présentation souhaitée.

DÉVEINER DES CREVETTES

En utilisant les doigts, retirer la veine noire (intestin) qui se trouve enfouie à quelques millimètres sur le côté dorsal.

Si les crevettes sont crues, utiliser un couteau et faire une incision peu profonde le long du dos de la crevette pour bien exposer la veine.

| INFORMATION NUTRITIONNELLE | | | Valeur nutritive (par 100 g) | |
Énergie (kj)	Protéines (g)	Lipides (g)	Cholestérol (mg)	Oméga (mg)
371 (crues)	20,5	0,6	149	212
436 (cuites)	23,5	0,9	188	n/a

SOUPES DE CREVETTES

Il existe une variété presque illimitée

de potages aux fruits de mer, depuis les bisques

classiques jusqu'aux bouillabaisses consistantes.

Étant donné le court temps de cuisson des crevettes,

les potages de crevettes et d'autres fruits de mer

figurent parmi les soupes les plus rapides

à préparer, ce qui en fait d'ailleurs

d'excellents plats de dernière minute.

Chaudrée californienne dans un pain

• Chauffer le four à 200 °C (400 °F). Préparer d'abord les bols de pain. À l'aide d'un couteau tranchant, couper le dessus du pain et faire un grand trou à l'intérieur. Mettre de côté la croûte qui a été enlevée. Enlever la mie de l'intérieur en prenant soin de ne pas endommager la croûte.

• Placer les pains évidés dans le four chaud et cuire pendant 15 min, jusqu'à ce que les pains soient secs et croustillants. Réserver.

Faire fondre le beurre dans une grande casserole et ajouter le poireau, les oignons, l'ail, les carottes, le panais, le céleri et le thym. Cuire à feu vif pendant 10 min jusqu'à ce que les légumes soient tendres et dorés. Retirer la casserole du feu et saupoudrer les légumes de farine, en remuant constamment pour qu'elle se mélange bien avec le beurre. Remettre la casserole sur le feu et continuer à remuer jusqu'à ce que la préparation commence à dorer (environ 2 min). Cette cuisson permet d'éliminer le goût de la farine non cuite.

• Ajouter le fumet de poisson en remuant constamment pour bien dissoudre le roux et laisser frémir doucement pendant 20 min. Pendant ce temps, préparer les fruits de mer et les poissons en les coupant en petits morceaux.

• Ajouter les fruits de mer et le poisson, la crème, le persil, le sel et le poivre (au goût) et poursuivre la cuisson pendant 5 min. Ne pas laisser bouillir pour éviter que la soupe ne caille. Une fois les fruits de mer cuits, ajouter le jus de citron en remuant, puis verser la soupe dans les petits pains évidés. Garnir de ciboulette hachée et servir.

INGRÉDIENTS

- 8 petits pains ronds
- 60 g (2 oz) de beurre
- 2 poireaux, bien lavés et émincés
- 2 oignons, hachés finement
- 4 gousses d'ail, émincées
- 2 carottes, pelées et hachées
- 1 panais, pelé et haché
- 2 branches de céleri, émincées
- 15 ml (1 c. à soupe) de feuilles de thym frais
- 60 g (2 oz) de farine
- 2 litres (8 tasses) de fumet de poisson
- 1 kg (2 lb) de fruits de mer assortis (crevettes, moules, palourdes, calmars, poissons à chair blanche)
- 200 ml (7 oz) de crème épaisse (35 %)
- ½ bouquet de persil, haché
- Sel et poivre, au goût
- Le jus de 1 gros citron
- ½ bouquet de ciboulette, hachée

Soupe de crevettes aigre piquante

INGRÉDIENTS

- 1 kg (2 lb) crevettes moyennes crues
- 15 ml (1 c. à soupe) d'huile végétale
- 8 tranches de galanga frais ou en conserve ou encore de gingembre frais
- 8 feuilles de lime kaffir
- 2 tiges de citronnelle fraîche, hachée grossièrement ou 5 ml (1 c. à thé) de citronnelle séchée (préalablement trempée dans de l'eau chaude pour amollir)
- 2 piments chiles rouges frais, coupés en deux et épépinés
- 2 litres (8 tasses) d'eau
- 45 ml (3 c. à soupe) de feuilles coriandre fraîche
- 1 piment chile rouge frais, haché
- 30 ml (2 c. à soupe) de jus de lime
- Feuilles de lime kaffir, ciselées

PRÉPARATION

- Décortiquer et déveiner les crevettes et mettre les têtes et les carapaces de côté. Chauffer l'huile à feu vif dans une grande casserole et faire sauter les têtes et les carapaces en remuant pendant 5 min ou jusqu'à ce qu'elles changent de couleur. Ajouter le galanga ou le gingembre en remuant, les feuilles de lime, la citronnelle, les piments coupés en deux et l'eau. Bien mélanger. Couvrir et mijoter 5 min en remuant de temps en temps.

- Passer la préparation au tamis et verser le liquide dans une casserole propre. Jeter les matières solides. Ajouter les crevettes et les faire cuire pendant 2 min. Ajouter la coriandre en remuant ainsi que le piment haché et le jus de lime. Cuire encore 1 min ou jusqu'à ce que les crevettes soient tendres.

- Verser la soupe dans des bols et garnir de feuilles de lime kaffir ciselées.

Soupe au poulet et aux crevettes

INGRÉDIENTS

- 15 ml (1 c. à soupe) d'huile végétale
- 1 oignon, en dés
- 1 poivron rouge, en dés
- 2 gousses d'ail, écrasées
- 5 ml (1 c. à thé) de gingembre frais, finement haché
- 1 litre (4 tasses) de fond de volaille
- 125 g (4 oz) de poulet désossé, tranché (cuisse ou poitrine)
- 20 petites crevettes crues, décortiquées et déveinées
- 125 g (4 oz) de nouilles de riz
- 125 g (4 oz) pousses de bambou en conserve, égouttées et tranchées
- 5 champignons blancs, émincés
- ¼ de laitue, râpée
- 2 oignons verts, émincés
- 30 ml (2 c. à soupe) de coriandre fraîche, hachée finement
- 22 ml (1 ½ c. à soupe) de sauce soja
- Poivre noir fraîchement moulu, au goût

PRÉPARATION

- Chauffer l'huile dans une casserole, puis ajouter les oignons et les poivrons et faire cuire à feu modéré, en remuant, pendant 5 min ou jusqu'à ce que les oignons soient tendres. Ajouter l'ail et le gingembre et poursuivre la cuisson pendant 2 min.

- Incorporer le fond de volaille et porter à ébullition. Ajouter le poulet, les crevettes, les nouilles, les pousses de bambou et les champignons, réduire le feu et laisser frémir pendant 5 min ou jusqu'à ce que les nouilles soient tendres.

- Ajouter, en remuant, la laitue, les oignons verts, la coriandre, la sauce soja et le poivre noir, et servir immédiatement.

Bisque de crevettes à l'américaine

- 90 g (3 oz) de beurre
- 45 ml (3 c. à soupe) d'oignon, haché finement
- 1 branche de céleri, hachée finement
- 15 ml (1 c. à soupe) de farine
- 1 kg (2 lb) de crevettes cuites, décortiquées, déveinées et hachées
- 875 ml (3 ½ tasses) de lait chaud
- 125 ml (½ tasse) de crème épaisse (35 %)
- 30 ml (2 c. à soupe) de xérès
- Sel
- Poivre noir fraîchement moulu
- Paprika
- Noix de muscade fraîchement râpée
- 45 ml (3 c. à soupe) de persil frais haché ou de ciboulette ciselée

• Dans une casserole, faire fondre le beurre à feu doux, puis ajouter l'oignon et le céleri. Couvrir et cuire pendant 5 min en veillant à ne pas laisser dorer les légumes.

• Incorporer la farine et cuire pendant 1 min. Ajouter les crevettes. Verser le lait graduellement en remuant jusqu'à ce que le mélange soit homogène. Porter à ébullition, réduire la chaleur et laisser cuire pendant 2 min en remuant, ou jusqu'à ce que la soupe épaississe. Incorporer la crème et chauffer sans bouillir.

• Ajouter le xérès en remuant et assaisonner au goût avec le sel, le poivre, le paprika et la muscade. Garnir chaque portion de persil.

Bisque de crevettes

- 315 g (10 oz) de crevettes cuites, décortiquées et déveinées
- ½ oignon, en dés
- 125 ml (½ tasse) de pâte de tomates
- 600 ml (2 ½ tasses) de fond de volaille
- 75 ml (⅓ tasse) de crème épaisse (35 %)
- 1 ml (¼ c. à thé) de paprika
- Poivre noir fraîchement moulu, au goût
- 15 à 30 ml (1 à 2 c. à soupe) de xérès sec

• Dans un robot de cuisine ou un mélangeur, réduire en purée les crevettes, l'oignon et la pâte de tomates. Pendant que l'appareil fonctionne, ajouter lentement le bouillon et bien mélanger.

• Verser le mélange de crevettes dans une casserole et cuire à feu doux, en remuant souvent, pendant 10 min ou jusqu'à ce que le mélange commence à bouillir.

• Incorporer la crème, le paprika et le poivre noir, puis laisser cuire pendant 2 min ou jusqu'à ce que la soupe soit bien chaude. Ajouter le xérès, bien mélanger et servir immédiatement.

Potage espagnol au poisson et au safran

6 portions

• Chauffer l'huile d'olive dans une grande casserole, puis ajouter les carottes, le poireau et les poivrons. Faire sauter jusqu'à ce que les légumes soient tendres (environ 10 min). Ajouter le paprika et le safran et faire cuire quelques minutes de plus.

• Ajouter le vin et le fumet de poisson et porter à ébullition. Laisser mijoter pendant 15 min. Ajouter le poisson, les crevettes décortiquées et les calmars et poursuivre la cuisson pendant 5 min.

- 30 ml (2 c. à soupe) d'huile d'olive
- 2 grosses carottes, hachées finement
- 3 poireaux, bien lavés, émincés
- 1 poivron rouge, haché
- 1 poivron vert, haché
- 15 ml (1 c. à soupe) de paprika espagnol
- 1 grosse pincée de filaments de safran
- 500 ml (2 tasses) de vin blanc
- 750 ml (3 tasses) de fumet de poisson
- 400 g (13 oz) de filets de poisson à chair blanche et ferme, coupés en cubes
- 400 g (13 oz) de crevettes, décortiquées et déveinées
- 400 g (13 oz) de petits calmars
- 30 ml (2 c. à soupe) de persil haché
- 1 citron, en quartiers

Soupe aux crevettes épicée

INGRÉDIENTS PRÉPARATION

- 1 litre (4 tasses) de fumet de poisson
- 5 cm (2 po) de galanga frais, en tranches ou 8 morceaux de galanga séché
- 8 feuilles de lime kaffir
- 2 tiges de citronnelle fraîche, hachées finement ou 5 ml (1 c. à thé) de citronnelle séchée, préalablement trempée dans de l'eau chaude pour amollir
- 30 ml (2 c. à soupe) de jus de lime
- 30 ml (2 c. à soupe) de zeste de lime, émincé
- 30 ml (2 c. à soupe) de sauce de poisson (*nam pla*)
- 30 ml (2 c. à soupe) de pâte de cari rouge à la thaïlandaise
- 500 g (1 lb) de grosses crevettes crues, décortiquées et déveinées, mais avec les queues intactes
- 3 oignons verts, tranchés en diagonale
- 45 ml (3 c. à soupe) de feuilles de coriandre fraîche
- 1 petit piment chile rouge frais, en lanières

- Verser le fumet de poisson dans une grande casserole et porter à ébullition sur feu modéré. Ajouter le galanga, les feuilles de lime kaffir, la citronnelle, le jus et le zeste de lime, la sauce de poisson et la pâte de cari. Laisser mijoter pendant 10 min, en remuant de temps en temps.

- Ajouter les crevettes et les oignons verts et laisser mijoter 5 min de plus ou jusqu'à ce que les crevettes soient cuites.

- Enlever le galanga et le jeter. Parsemer de feuilles de coriandre et de tranches de piment chile et servir.

Gaspacho de crevettes et de maïs

- Préparer d'abord la sauce épicée. Dans un robot de cuisine, mélanger brièvement les tomates, puis verser la préparation dans un grand bol. Ensuite, y hacher finement le poivron jaune et l'ajouter aux tomates. Ajouter la sauce piquante aux piments et saler au goût. Réfrigérer pendant au moins 1 h (8 h tout au plus).

- À l'aide d'un couteau tranchant, égrener les épis de maïs. Faire chauffer un poêlon épais et ajouter le maïs pour le faire sauter à feu vif, sans huile, jusqu'à ce qu'il commence à griller et devienne brun doré. Le mettre ensuite dans un petit bol et réserver.

- Bien laver le poireau et déposer les parties blanches seulement dans le robot de cuisine. Ajouter l'ail et l'oignon et hacher finement. (On peut aussi hacher ces légumes au couteau.) Chauffer l'huile dans le poêlon et ajouter le mélange de poireau, d'ail et d'oignon hachés. Assaisonner de paprika et cuire à feu modéré pendant 5 min, jusqu'à ce que les légumes amollis commencent à dorer.

- Déplacer les oignons sur les côtés du poêlon et ajouter les crevettes crues décortiquées. Les laisser cuire pendant 1 ou 2 min jusqu'à ce qu'une des faces devienne orangée, puis les retourner pour cuire l'autre face.

- Mélanger ensuite les crevettes et les oignons et ajouter ce mélange à la préparation froide de tomates. Bien mêler. Ajouter la moitié du maïs grillé, le jus de lime et le persil et bien mélanger le tout avant de remettre au réfrigérateur.

- Pour servir, répartir le mélange dans six coupes à martini ou verres à vin et garnir de feuilles de coriandre et du reste de maïs grillé.

- 4 grosses tomates prunes (Roma), lavées et coupées en deux
- 1 poivron jaune, épépiné et coupé en quatre
- 1 à 2 ml (¼ à ½ c. à thé) de sauce piquante aux piments
- 5 ml (1 c. à thé) de sel (ou au goût)
- 2 épis de maïs
- 1 petit poireau, la partie blanche seulement
- 1 gousse d'ail, épluchée
- 1 petit oignon d'Espagne
- 15 ml (1 c. à soupe) d'huile d'olive
- 10 ml (2 c. à thé) de paprika
- 500 g (1 lb) de crevettes moyennes crues, avec les queues
- Le jus de 2 limes
- 30 ml (2 c. à soupe) de persil frais, haché
- 75 ml (⅓ tasse) de feuilles de coriandre fraîche
- Tranches de lime, pour servir

- 3 kg (6 lb) de poissons et de fruits de mer assortis (dont des filets de poissons à chair blanche et ferme, des crevettes, des moules, du crabe et des rondelles de calmars)
- 50 ml (¼ tasse) d'huile d'olive
- 2 gousses d'ail, écrasées
- 2 gros oignons, hachés
- 2 poireaux, en tranches
- 2 boîtes de 440 g (14 oz) de tomates, non égouttées et en purée
- 15 ml (1 c. à soupe) de thym frais, haché ou 5 ml (1 c. à thé) de thym séché
- 30 ml (2 c. à soupe) de basilic frais, haché ou 7 ml (1 ½ c. à thé) de basilic séché
- 30 ml (2 c. à soupe) de persil frais, haché
- 2 feuilles de laurier
- 30 ml (2 c. à soupe) de zeste d'orange, râpé
- 5 ml (1 c. à thé) de filaments de safran
- 250 ml (1 tasse) de vin blanc sec
- 250 ml (1 tasse) de fumet de poisson
- Poivre noir fraîchement moulu

• Enlever la peau et les arêtes du poisson et couper les filets en cubes de 2 cm (¾ po). Décortiquer et déveiner les crevettes, mais laisser les queues intactes. Brosser et ébarber les moules. Couper le crabe en quartiers. Réserver.

• Chauffer l'huile dans une grande casserole, puis ajouter l'ail, les oignons et le poireau et faire cuire à feu modéré pendant 5 min ou jusqu'à ce que les oignons soient dorés. Ajouter les tomates, le thym, le basilic, le persil, les feuilles de laurier, le zeste d'orange, le safran, le vin et le bouillon de poisson et porter à ébullition. Réduire la chaleur et laisser mijoter pendant 30 min.

• Ajouter le poisson et le crabe et laisser cuire pendant 10 min, puis ajouter le reste des ingrédients et poursuivre la cuisson pendant 5 min ou jusqu'à ce que le poisson et les fruits de mer soient cuits. Poivrer au goût.

Tom Yam Gong

• Verser le fumet de poisson dans une grande casserole et porter à ébullition. Ajouter la citronnelle, le zeste de citron, la sauce de poisson, les champignons et les crevettes et cuire de 3 à 4 min, ou jusqu'à ce que les crevettes changent de couleur.

• Réduire à feu doux et incorporer la crème. Laisser cuire pendant 2 à 3 min, jusqu'à ce que le mélange soit bien chaud.

• Retirer la casserole du feu, ajouter les germes de haricot, les oignons verts, la pâte de piment, le jus de citron et la coriandre. Poivrer au goût. Servir immédiatement.

- 750 ml (3 tasses) de fumet de poisson
- 15 ml (1 c. à soupe) de citronnelle fraîche hachée ou 5 ml (1 c. à thé) de citronnelle séchée
- 2 ml (½ c. à thé) de zeste de citron, haché finement
- 30 ml (2 c. à soupe) de sauce de poisson (*nam pla*)
- 250 g (8 oz) de champignons blancs, en tranches
- 500 g (1 lb) de crevettes crues, décortiquées et déveinées
- 75 ml (⅓ tasse) de crème épaisse (35 %)
- 125 g (4 oz) de germes de haricot
- 2 oignons verts, coupés en tronçons de 2 cm (¾ po)
- 5 ml (1 c. à thé) de pâte de piment rouge (*sambal ulek*)
- 75 ml (⅓ tasse) de jus de citron
- 45 ml (3 c. à soupe) de coriandre fraîche, hachée
- poivre noir fraîchement moulu

Soupe Wonton aux crevettes

• Préparer la garniture à wonton : dans un bol, bien mélanger le porc, l'œuf, les oignons verts, le piment et les sauces d'huîtres et de soja.

• Déposer quelques cuillerées de ce mélange au centre de chaque carré de pâte, puis rassembler les quatre coins en torsade. Placer les wontons dans une marmite à vapeur et cuire pendant 3 ou 4 min ou jusqu'à ce que les pâtes soient cuites.

• Verser le fond de volaille dans une casserole et porter à ébullition sur feu modéré. Ajouter les carottes, le céleri et le poivron et laisser mijoter pendant 1 min. Ajouter les crevettes et poursuivre la cuisson 1 min de plus.

• Placer 3 ou 4 wontons dans chaque bol à soupe et ajouter quelques louches de bouillon. Servir immédiatement.

- 2 ½ litres (10 tasses) de bouillon de poulet
- 1 carotte, en julienne
- 1 branche de céleri, en julienne
- ½ poivron rouge, en julienne
- 24 grosses crevettes décortiquées et déveinées

WONTONS AU PORC
- 250 g (½ lb) de porc haché
- 1 œuf, légèrement battu
- 2 oignons verts, hachés
- 1 piment chile rouge frais, épépiné et haché
- 15 ml (1 c. à soupe) de sauce soja
- 15 ml (1 c. à soupe) de sauce d'huîtres
- 24 rouleaux printaniers ou pâtes à wonton (en carrés de 12 cm (5 po)

Potage de crabe et de crevettes

INGRÉDIENTS

- 6 tomates, hachées
- 2 oignons, hachés
- 15 ml (1 c. à soupe) d'huile végétale
- 4 gousses d'ail, écrasées
- 15 ml (1 c. à soupe) de feuilles d'origan
- 2 plants de coriandre fraîche
- 1 tête de poisson (vivaneau, perche, morue ou aiglefin)
- 2 ½ litres (10 tasses) d'eau
- 2 crabes non cuits, lavés et coupés en morceaux
- 12 crevettes moyennes crues, décortiquées et déveinées
- 185 g (6 oz) de filet de poisson, coupé en morceaux

PRÉPARATION

- Dans le robot de cuisine ou le mélangeur, réduire en purée les tomates et les oignons.

- Chauffer l'huile dans une casserole et faire cuire l'ail à feu modéré pendant 1 min ou jusqu'à ce qu'il soit doré. Ajouter la purée de tomates et d'oignon, puis l'origan et la coriandre. Bien mélanger et laisser mijoter pendant 15 min. Ajouter la tête de poisson et l'eau et mijoter encore 20 min. Passer la soupe au tamis, jeter les matières solides et verser le bouillon dans une casserole propre.

- Ajouter le crabe et les crevettes au bouillon et faire mijoter pendant 3 min. Ajouter le poisson et laisser mijoter 1 ou 2 min, jusqu'à ce que les fruits de mer soient cuits.

SALADES DE CREVETTES

Comme hors-d'œuvre, entrée ou plat principal,

une salade de crevettes est toujours appréciée.

Vous trouverez, dans ce chapitre, des recettes

saines et savoureuses telles que la salade

de crevettes et d'avocat, l'entrée de pêches

et de crevettes ainsi qu'une salade

de couscous et de fruits de mer.

Salade de pêches et de crevettes

4 portions

- Placer les pêches séchées dans une assiette. Mélanger ensuite les 7 ingrédients suivants et verser le mélange sur les pêches. Laisser reposer à la température de la pièce pendant 30 min.

- Retirer les pêches du mélange vinaigré et verser le liquide dans un robot de cuisine. Ajouter la moutarde et l'œuf et mélanger jusqu'à consistance lisse. Pendant que le robot fonctionne, ajouter l'huile en un fin filet. La vinaigrette deviendra crémeuse et épaissira quelque peu.

- Répartir la laitue en quatre portions et ajouter à chacune 2 moitiés de pêches ainsi que 3 crevettes. Arroser de vinaigrette et servir immédiatement.

INGRÉDIENTS

- 200 g (7 oz) de pêches séchées
- 15 ml (1 c. à soupe) de jus de citron
- 10 ml (2 c. à thé) de zeste de citron, râpé
- 10 ml (2 c. à thé) de cassonade
- 2 ml (½ c. à thé) de sel
- 2 ml (½ c. à thé) de poivre noir fraîchement moulu
- 75 ml (⅓ tasse) de vinaigre de xérès
- 2 gouttes de sauce piquante aux piments
- 500 g (1 lb) de laitues assorties
- 10 ml (2 c. à thé) de moutarde de Dijon
- 1 œuf
- 150 ml (⅔ tasse) d'huile d'olive légère
- 12 crevettes moyennes, décortiquées et déveinées

Salade de légumes et de fruits de mer

6 portions

- Dans un grand bol, mêler le riz, les crevettes, le crabe, le poisson (selon le cas), les champignons, les oignons verts, les carottes et les haricots.

- Pour faire la vinaigrette, mélanger au fouet le vinaigre de riz, le mirin, la sauce soja et le sucre. Verser en filet sur la salade, couvrir et réfrigérer. Garnir de lanières d'omelette juste avant de servir.

- 500 ml (2 tasses) riz à grains longs, cuit
- 250 g (8 oz) de crevettes cuites, décortiquées et déveinées
- 220 g (7 oz) de crabe en conserve, égoutté, émietté
- 125 g (4 oz) de filet de poisson à chair blanche, désossé, en tranches fines (facultatif)
- 90 g (3 oz) de champignons blancs,
- tranchés
- 6 oignons verts, en tranches
- 1 carotte, en lamelles
- 30 g (1 oz) de haricots verts, tranchés
  1 omelette, émincée

VINAIGRETTE
- 125 ml (½ tasse) de vinaigre de riz
- 30 ml (2 c. à soupe) de mirin
- 15 ml (1 c. à soupe) de sauce soja
- 15 ml (1 c. à soupe) de sucre

Salade de crevettes et d'avocat

• Décortiquer et déveiner les crevettes.

• Disposer les crevettes, les tranches d'avocat et les quartiers de pamplemousse sur une assiette de service. Mélanger les ingrédients de la vinaigrette et en verser un filet sur les crevettes et les fruits.

INGRÉDIENTS

• 750 g (1 ½ lb) de crevettes moyennes, cuites
• 1 avocat, en tranches
• 1 pamplemousse, en quartiers

VINAIGRETTE
• 30 ml (2 c. à soupe) de mayonnaise
• 30 ml (2 c. à soupe) de crème sure
• 15 ml (1 c. à soupe) de yogourt
• 30 ml (2 c. à soupe) de feuilles de menthe, ciselées

Salade méditerranéenne

INGRÉDIENTS

- 185 g (6 oz) de couscous
- 500 ml (2 tasses) d'eau bouillante
- 15 ml (1 c. à soupe) d'huile d'olive
- 15 ml (1 c. à soupe) de vinaigre balsamique
- Poivre noir fraîchement moulu, au goût
- 1 concombre, en tranches
- 1 poivron vert, haché
- 3 tomates prunes, hachées
- 12 tomates séchées, tranchées
- 60 g (2 oz) d'artichauts marinés, égouttés et tranchés
- 60 g (2 oz) d'olives noires, dénoyautées et tranchées
- 185 g (6 oz) de crevettes cuites, décortiquées et déveinées (facultatif)
- 125 g (4 oz) de fromage feta en cubes de 2 cm (³/₄ po)
- 30 ml (2 c. à soupe) de basilic frais, haché ou 10 ml (2 c. à thé) de basilic séché
- 10 ml (2 c. à thé) de zeste de lime ou de citron, râpé finement

PRÉPARATION

• Mettre le couscous dans un bol et y verser l'eau bouillante. Mélanger délicatement avec une fourchette jusqu'à ce que le couscous ait absorbé toute l'eau. Ajouter l'huile, le vinaigre et le poivre noir et bien mêler. Réserver.

• Dans un bol à salade, mélanger le concombre, le poivron vert, les tomates fraîches et séchées, les artichauts, les olives, les crevettes (selon le cas), le fromage feta, le basilic et le zeste de lime ou de citron. Ajouter la préparation de couscous et mêler délicatement.

Salade de crevettes et de papaye

INGRÉDIENTS

- 10 ml (2 c. à thé) d'huile végétale
- 10 ml (2 c. à thé) de pâte de piment chile (*sambal ulek*)
- 2 tiges de citronnelle fraîche, hachées ou 5 ml (1 c. à thé) de citronnelle séchée, trempée dans de l'eau chaude pour amollir
- 30 ml (2 c. à soupe) de gingembre frais, râpé
- 500 g (1 lb) de crevettes moyennes crues, décortiquées et déveinées
- ½ chou chinois, haché
- 4 échalotes roses ou cuivrées, hachées
- 1 papaye, pelée et tranchée
- 60 g (2 oz) de cresson
- 60 g (2 oz) d'arachides grillées, hachées
- 30 g (1 oz) de feuilles de coriandre fraîche

VINAIGRETTE À LA LIME ET À LA NOIX DE COCO
- 5 ml (1 c. à thé) de cassonade
- 45 ml (3 c. à soupe) de jus de lime
- 30 ml (2 c. à soupe) de sauce de poisson (*nam pla*)
- 15 ml (1 c. à soupe) de vinaigre de coco

PRÉPARATION

• Chauffer l'huile dans une poêle, puis ajouter la pâte de piment chile, la citronnelle et le gingembre, et cuire à feu vif en remuant pendant 1 min. Ajouter les crevettes et poursuivre la cuisson en remuant pendant 2 min ou jusqu'à ce qu'elles soient cuites et changent de couleur. Laisser refroidir.

• Disposer le chou, les échalotes, la papaye, le cresson, les arachides, la coriandre et la préparation de crevettes sur un plat.

• Pour faire la vinaigrette, mélanger la cassonade, le jus de lime, la sauce de poisson et le vinaigre dans un bol. Verser en filet sur la salade et servir.

Salade de tomates, maïs et crevettes

- 500 ml (2 tasses) de grains de maïs, cuits
- 1 oignon, émincé
- 200 g (7 oz) de crevettes cuites, décortiquées et déveinées, coupées en tronçons de 1 cm (½ po)
- 2 tomates, hachées
- 60 g (2 oz) d'oignons verts, hachés
- 1 poivron rouge, épépiné et haché finement
- 30 ml (2 c. à soupe) de vinaigre de vin rouge
- 30 ml (2 c. à soupe) d'huile d'olive
- 1 gousse d'ail, écrasée
- 15 ml (1 c. à soupe) de jus de citron frais

• Dans un grand bol, mélanger le maïs, l'oignon, les crevettes, les tomates, les oignons verts et le poivron.

• Mélanger ensuite le vinaigre, l'huile, l'ail et le jus de citron, puis verser la préparation sur la salade. Bien mêler.

Avocats farcis aux fruits de mer

- 6 petites pieuvres
- 500 g (1 lb) de crevettes
- 3 avocats mûrs

VINAIGRETTE
- 75 ml (¹/₃ tasse) d'huile d'olive
- 30 ml (2 c. à soupe) de jus de citron
- 1 œuf dur, haché finement
- 15 ml (1 c. à soupe) d'origan frais, haché
- 2 gousses d'ail, écrasées

• Enlever la tête des pieuvres, juste sous la ligne des yeux. Bien laver les pieuvres et les plonger dans de l'eau presque bouillante. Les cuire jusqu'à ce qu'elles soient opaques, puis les égoutter et les rincer à l'eau froide. Ensuite, les couper en morceaux et mélanger avec la vinaigrette. Laisser mariner toute la nuit au réfrigérateur.

• Décortiquer et déveiner les crevettes et les mêler avec la pieuvre. Couper les avocats en deux et enlever les noyaux. Déposer les fruits de mer sur les moitiés d'avocats et garnir de citron et d'origan.

Salade de crevettes, d'avocat et de mangue

4 portions

PRÉPARATION

- Disposer les crevettes, les tranches de mangue et d'avocat sur un plat.
- Bien mélanger le zeste de lime, le piment chile, le poivre, le jus de citron et l'huile d'olive, et verser sur la salade. Garnir de brins d'aneth frais.

INGRÉDIENTS

- 32 crevettes moyennes, cuites et décortiquées, mais avec les queues intactes
- 2 mangues moyennes, en tranches fines
- 1 gros avocat, la chair tranchée finement
- 30 ml (2 c. à soupe) de zeste de lime, râpé finement
- 2 ml (½ c. à thé) de piment chile frais, haché très finement
- 1 ml (¼ c. à thé) de poivre noir concassé
- 30 ml (2 c. à soupe) de jus de citron fraîchement pressé
- 45 ml (3 c. à soupe) d'huile d'olive
- 1 bouquet d'aneth

Salade de crevettes et de haricots verts, sauce à l'aneth

4 portions

- Faire bouillir de l'eau salée dans une grande casserole. Ajouter les crevettes et les cuire jusqu'à ce qu'elles changent de couleur (environ 3 min). Égoutter et rincer les crevettes à l'eau froide, puis les décortiquer et les déveiner.
- Plonger les haricots verts dans l'eau bouillante et reporter à ébullition. Égoutter aussitôt les haricots et les rafraîchir sous l'eau du robinet. Bien égoutter.
- Dans un grand bol, mélanger les haricots, le céleri, les crevettes, les oignons verts et le persil, puis arroser de jus de citron. Bien mêler. Couvrir et réfrigérer jusqu'au moment de servir.
- Pour faire la sauce à l'aneth, mélanger le yogourt, la mayonnaise, l'aneth et le jus de citron dans un petit bol en fouettant vigoureusement jusqu'à consistance homogène. Saler au goût.
- Servir froid ou à la température de la pièce avec la sauce dans un bol à part. Ajouter les œufs après avoir arrosé la salade de sauce.

- 1 ½ kg (3 lb) de crevettes crues
- 125 g (4 oz) de haricots verts, parés
- 2 branches de céleri, émincées
- 6 oignons verts, en tranches
- 45 ml (3 c. à soupe) de persil frais, haché
- Jus de citron
- 4 œufs durs, hachés grossièrement

SAUCE À L'ANETH
- 125 ml (½ tasse) de yogourt nature, à teneur réduite en gras
- 125 ml (½ tasse) de mayonnaise à teneur réduite en gras
- 45 ml (3 c. à soupe) d'aneth frais, haché
- Le jus de ½ citron fraîchement pressé
- Sel, au goût

Salade de couscous aux fruits de mer et à la menthe fraîche

INGRÉDIENTS

- 125 ml (½ tasse) d'huile d'olive
- 50 ml (¼ tasse) de jus de citron frais
- 1 grosse gousse d'ail, hachée
- 5 ml (1 c. à thé) de graines de céleri
- Sel et poivre, au goût
- 1 ml (¼ c. à thé) de curcuma
- 1 ml (¼ c. à thé) de cumin
- 400 ml (1 ⅔ tasse) de fond de légumes, bouillant
- 500 g (1 lb) de crevettes moyennes crues, décortiquées, mais avec les queues intactes
- 200 g (7 oz) de calmars, en rondelles
- 300 g (10 oz) de couscous
- 3 tomates, en brunoise
- 2 branches de céleri, émincées
- 6 oignons verts, hachés
- 20 feuilles de menthe fraîche, ciselées

PRÉPARATION

- Fouetter ensemble l'huile d'olive, le jus de citron, l'ail et les graines de céleri jusqu'à épaississement du mélange, puis saler et poivrer au goût. Réserver.
- Ajouter le curcuma et le cumin au bouillon de légumes frémissant et remuer. Ajouter les crevettes et les calmars et pocher doucement pendant 2 min ou jusqu'à ce que les crevettes deviennent orangées, ensuite retirer les fruits de mer du bouillon.
- Mettre le couscous dans un grand bol et y verser le bouillon épicé. Bien mélanger, couvrir et laisser reposer jusqu'à ce que le liquide soit complètement absorbé (environ 10 min).
- Séparer les grains de couscous à l'aide d'une fourchette, puis ajouter le mélange de crevettes et de calmars, les tomates, le céleri, les oignons verts et la menthe. Arroser de vinaigrette et bien mêler.

Salade de crevettes sri lankaise

- 1 kg (2 lb) de grosses crevettes cuites, décortiquées et déveinées
- 1 pamplemousse, en quartiers
- 1 orange, en quartiers
- 2 bananes, pelées et tranchées
- 1 oignon, en tranches
- 6 feuilles d'épinards, hachées
- 30 g (1 oz) de noix de cajou, hachées

VINAIGRETTE
- 30 ml (2 c. à soupe) de jus de citron
- 250 g (8 oz) de yogourt nature
- 5 ml (1 c. à thé) de cari
- 30 ml (2 c. à soupe) de mayonnaise

- Pour faire la vinaigrette, mélanger le jus de citron, le yogourt, le cari et la mayonnaise.
- Mettre les crevettes, les quartiers d'orange et de pamplemousse, les tranches de bananes, l'oignon et les épinards dans un grand bol à salade. Arroser de vinaigrette et remuer délicatement. Saupoudrer de noix de cajou. Couvrir et réfrigérer.

Salade de fruits de mer

4 portions

• Éponger les calmars avec du papier essuie-tout.

• Chauffer l'huile dans une poêle, puis ajouter les crevettes et l'ail. Cuire à feu modéré, en remuant, pendant 2 min. Ajouter les calmars et poursuivre la cuisson, en remuant toujours, pendant 2 min. Laisser refroidir.

• Disposer les feuilles d'épinards, l'oignon, le poivron, les pois mange-tout, la menthe et les noix dans un bol et y déposer ensuite le mélange de fruits de mer.

• Pour faire la vinaigrette, mélanger la sauce chile, la sauce soja, le jus de lime et l'huile, puis verser sur la salade. Réfrigérer.

- 375 g (12 oz) de rondelles de calmars
- 15 ml (1 c. à soupe) d'huile d'olive
- 375 g (12 oz) de crevettes moyennes, crues, décortiquées et déveinées
- 1 gousse d'ail, écrasée
- 500 g (1 lb) d'épinards
- 1 oignon rouge, en tranches
- 1 poivron rouge, en lanières
- 250 g (8 oz) de pois mange-tout, parés
- 30 ml (2 c. à soupe) de feuilles de menthe fraîche
- 30 g (1 oz) de noix, hachées finement

VINAIGRETTE À LA SAUCE CHILE
- 30 ml (2 c. à soupe) de sauce chile douce
- 15 ml (1 c. à soupe) de sauce soja
- 15 ml (1 c. à soupe) de jus de lime
- 15 ml (1 c. à soupe) d'huile végétale

Salade de crevettes et de pois mange-tout à la sauce chile

- 175 ml (¾ tasse) de vin blanc doux
- 15 ml (1 c. à soupe) de jus de citron fraîchement pressé
- 15 ml (1 c. à soupe) de jus de lime fraîchement pressée
- 5 ml (1 c. à thé) de sucre
- 5 ml (1 c. à thé) de pâte de piment chile (*sambal ulek*)
- 5 ml (1 c. à thé) de poivre noir concassé
- 2 ml (½ c. à thé) de coriandre moulue
- 300 g (10 oz) de pétoncles
- 300 g (10 oz) de crevettes moyennes, crues, décortiquées et déveinées, mais avec les queues intactes
- 75 g (2 ½ oz) de pois mange-tout
- 30 ml (2 c. à soupe) d'huile
- 15 ml (1 c. à soupe) de persil, haché

• Dans une grande poêle sur feu modéré, porter à ébullition le vin, les jus de citron et de lime, le sucre, la pâte de chile, le poivre et la coriandre.

• Réduire le feu, puis ajouter les pétoncles et les crevettes et laisser mijoter 2 min, ou jusqu'à ce que les fruits de mer soient cuits. Ensuite, les enlever de la poêle et réserver.

• Mettre les pois mange-tout dans la poêle et cuire pendant 30 secondes, puis les enlever à l'aide d'une cuillère à égoutter et les ajouter au mélange de crevettes et de pétoncles.

• Ajouter l'huile et le persil aux jus de la poêle et faire chauffer pendant 1 min, puis verser sur la préparation de pétoncles, de crevettes et de pois mange-tout. Bien mêler et réfrigérer jusqu'au moment de servir.

Salade de crevettes et d'ananas

• Pour faire la vinaigrette, fouetter le jus de citron, le vinaigre et la moutarde, puis ajouter graduellement les huiles, en fouettant toujours jusqu'à épaississement du mélange.

• Dans un bol, mêler les châtaignes d'eau hachées, le gingembre, les ananas et les crevettes. Ajouter la vinaigrette et remuer délicatement.

• Disposer la salade dans des feuilles de laitue et garnir d'oignons verts et de graines de sésame.

- 15 ml (1 c. à soupe) de jus de citron frais
- 30 ml (2 c. à soupe) de vinaigre de vin blanc
- 15 ml (1 c. à soupe) de moutarde de Dijon
- 50 ml (¼ tasse) d'huile d'olive
- 30 ml (2 c. à soupe) d'huile de sésame orientale
- 10 châtaignes d'eau, égouttées et hachées
- 15 ml (1 c. à soupe) de gingembre frais, râpé
- 1 boîte de 225 g (7½ oz) d'ananas en tranches, égouttées et coupées en morceaux
- 500 g (1 lb) de crevettes cuites, décortiquées
- Feuilles de laitue, pour servir
- 3 oignons verts, en tranches
- 15 ml (1 c. à soupe) de graines de sésame, légèrement grillées

Salade de crevettes et de pétoncles

• Faire chauffer une poêle ou une plaque à fond cannelé et y cuire les pétoncles, les crevettes et les oignons pendant 3 à 4 min. Laisser refroidir.

• Bien mélanger tous les ingrédients de la vinaigrette.

• Placer les fruits de mer et les oignons dans un bol, arroser de vinaigrette et bien mêler.

- 12 crevettes moyennes crues, décortiquées et déveinées
- 500 g (1 lb) de pétoncles
- 2 gros oignons, en tranches

VINAIGRETTE
- 10 ml (2 c. à thé) d'aneth frais, haché finement
- 10 ml (2 c. à thé) de persil frais, haché finement
- 10 ml (2 c. à thé) ciboulette fraîche, hachée finement
- 1 gousse d'ail, écrasée
- 15 ml (1 c. à soupe) de jus de lime
- 125 ml (½ tasse) de vinaigre de vin rouge
- 60 ml (4 c. à soupe) d'huile végétale
- Poivre noir fraîchement moulu

CREVETTES AU BARBECUE

Que ce soit pour célébrer une occasion
spéciale ou simplement pour manger et causer
entre amis, un barbecue est un excellent moyen
de recevoir ses invités. Avec leur rapidité
de cuisson, les crevettes sont idéales pour le
barbecue. Vous trouverez dans ces pages
des recettes ingénieuses pour barbecue
que vous aurez plaisir à préparer
quelle que soit l'occasion.

Crevettes épicées au chile

• Pour faire la marinade, mélanger le poivre, les sauces chile et soja, l'ail et le jus de citron dans un bol. Ajouter les crevettes, bien mêler, puis couvrir et laisser mariner pendant 1 h en remuant souvent.

• Préparer la crème de mangue au robot de cuisine ou au mélangeur. Battre la chair de mangue et le lait de coco jusqu'à consistance onctueuse.

• Préchauffer le barbecue jusqu'à chaleur moyenne. Égoutter les crevettes et les faire cuire sur la grille légèrement huilée du barbecue pendant 3 à 4 min, ou jusqu'à ce qu'elles changent de couleur. Servir immédiatement avec la crème de mangue.

LAIT DE COCO. Le lait de coco est offert en conserve ou en boîte de carton ou encore sous forme de poudre à laquelle il suffit d'ajouter de l'eau. Une fois le contenant ouvert, le lait de coco ne se conserve qu'un jour ou deux. On en trouve dans les épiceries, mais on peut aussi en faire soi-même. Il suffit de verser 750 ml (3 tasses) d'eau bouillante sur 500 g (1 lb) de noix de coco séchée et de laisser reposer pendant 30 min. Passer ensuite le mélange au tamis et bien presser la noix de coco pour extraire le plus de liquide possible. On obtient ainsi un lait de coco épais et la noix de coco peut être utilisée de nouveau, mais elle donnera alors, un lait moins concentré.

• 1 ½ kg (3 lb) de grosses crevettes crues, décortiquées et déveinées, mais avec les queues intactes

MARINADE AU CHILE
• 10 ml (2 c. à thé) de poivre noir concassé
• 30 ml (2 c. à soupe) de sauce chile douce
• 15 ml (1 c. à soupe) de sauce soja
• 1 gousse d'ail, écrasée
• 50 ml (¼ tasse) de jus de citron

CRÈME DE MANGUE
• 1 mangue, pelée, dénoyautée et hachée grossièrement
• 45 ml (3 c. à soupe) de lait de coco

Crevettes marinées au barbecue

- Préchauffer le barbecue jusqu'à chaleur moyenne.

- Pour faire la marinade, mélanger les piments chiles, l'ail, l'origan, le persil, l'huile et le vinaigre dans un bol. Poivrer au goût. Ajouter les crevettes et mêler pour bien les enrober. Laisser mariner pendant 10 min.

- Égoutter les crevettes et les faire cuire sur la grille huilée du barbecue pendant 1 à 2 min de chaque côté, ou jusqu'à ce qu'elles commencent à changer de couleur.

INGRÉDIENTS

- 1 kg (2 lb) de crevettes moyennes crues, décortiquées et déveinées, mais avec les queues intactes

MARINADE AU CHILE ET AUX HERBES
- 2 piments chiles frais, hachés
- 2 gousses d'ail, écrasées
- 15 ml (1 c. à soupe) d'origan frais, haché
- 15 ml (1 c. à soupe) de persil frais, haché
- 50 ml (¼ tasse) d'huile d'olive
- 30 ml (2 c. à soupe) de vinaigre balsamique
- Poivre noir fraîchement moulu

Brochettes de crevettes aux graines de sésame

6 à 8 portions

- 1 kg (2 lb) de crevettes moyennes-grosses
- 50 ml (¼ tasse) d'huile d'olive
- 50 ml (¼ tasse) de vin rouge
- 4 échalotes, hachées finement
- 5 ml (1 c. à thé) de zeste de citron, râpé
- 2 ml (½ c. à thé) de poivre noir concassé
- 12 brochettes de bambou (préalablement trempées dans l'eau pendant 30 min)
- 125 g (4 oz) de graines de sésame grillées

- Décortiquer et déveiner les crevettes, en laissant les queues intactes.

- Bien mélanger l'huile, le vin, les échalotes, le zeste de citron et le poivre.

- Embrocher les crevettes (environ 3 par brochette).

- Placer les brochettes dans un plat peu profond et les couvrir de marinade. Laisser mariner pendant au moins 1 h.

- Rouler les brochettes dans les graines de sésame grillées, en exerçant une bonne pression pour bien enrober les crevettes. Réfrigérer pendant 30 min avant la cuisson.

- Sur une plaque posée sur le barbecue bien chaud, faire cuire les brochettes 2 min de chaque côté.

- Badigeonner de marinade pendant la cuisson.

Satés de crevettes

- 1 kg (2 lb) de grosses crevettes crues, décortiquées et déveinées, mais avec les queues intactes

SAUCE À SATÉ
- 10 ml (2 c. à thé) d'huile végétale
- 1 oignon, haché
- 15 ml (3 c. à thé) de cumin moulu
- 250 ml (1 tasse) de beurre d'arachide croquant
- 250 ml (1 tasse) de fond de volaille
- 45 ml (3 c. à soupe) de sauce soja

- Enfiler les crevettes sur huit brochettes.

- Pour faire la sauce, chauffer l'huile dans une casserole, puis ajouter l'oignon et le cumin. Cuire en remuant pendant 3 min, ou jusqu'à ce que l'oignon soit tendre.

- Ajouter le beurre d'arachide, le fond de volaille et la sauce soja et cuire à feu modéré, en remuant, pendant 5 min ou jusqu'à ce que la sauce bouille et épaississe.

- Badigeonner les crevettes de sauce et les griller sur un barbecue préchauffé pendant 2 min de chaque côté ou jusqu'à ce qu'elles changent de couleur. Pour servir, arroser d'un filet de sauce.

Kebabs de pétoncles et de crevettes

- 500 g (1 lb) de crevettes crues, décortiquées et déveinées, mais avec les queues intactes
- 400 g (13 oz) de pétoncles
- 250 g (8 oz) de petits oignons
- 6 tranches de bacon
- 30 ml (2 c. à soupe) d'huile d'olive
- 60 g (2 oz) de beurre
- 30 ml (2 c. à soupe) d'aneth frais, haché
- 30 ml (2 c. à soupe) de persil, haché
- 2 oignons verts, hachés finement
- 2 gousses d'ail, écrasées
- Poivre noir fraîchement moulu
- 30 ml (2 c. à soupe) de jus de citron
- 10 ml (2 c. à thé) de zeste de citron, râpé

- Faire cuire les oignons à demi ou jusqu'à ce qu'ils soient presque tendres, puis égoutter et rincer à l'eau froide. Couper chaque tranche de bacon en trois, puis enrouler chaque morceau sur lui-même.

- Enfiler les crevettes, les pétoncles et les rouleaux de bacon sur des brochettes en terminant avec un petit oignon.

- Mélanger l'huile, le beurre, l'aneth, le persil, les oignons verts, l'ail, le poivre, le jus et le zeste de citron et y plonger les brochettes. Laisser mariner pendant au moins 1 h.

- Retirer les brochettes de la marinade et les griller sur un barbecue préchauffé jusqu'à ce que les fruits de mer soient tendres. Badigeonner occasionnellement avec la marinade au cours de la cuisson.

Crevettes grillées à la vietnamienne

- Pour faire la sauce, piler l'ail, les piments et le sucre au mortier. Ajouter le jus et la pulpe de lime, puis la sauce de poisson et l'eau. Bien mélanger tous ces ingrédients.

- Faire une incision sur le dos des crevettes, les déveiner, puis les rincer et les éponger. Les griller sur le barbecue pendant environ 5 min, en les tournant une fois.

- Mettre les vermicelles dans l'eau bouillante et laisser bouillir 2 min. Égoutter et rincer à l'eau froide.

- Chauffer l'huile dans un wok ou un poêlon, ajouter les échalotes et cuire jusqu'à ce qu'elles soient tendres. Déposer les vermicelles sur des assiettes chaudes, ajouter les crevettes grillées, saupoudrer d'arachides et parsemer d'échalotes. Arroser de sauce Nuoc Cham et garnir de coriandre hachée.

- 500 g (1 lb) de grosses crevettes crues
- 185 g (6 oz) de vermicelles fins
- Eau bouillante
- 10 ml (2 c. à thé) d'huile végétale
- 6 échalotes vertes, hachées
- 75 g (2 ½ oz) d'arachides grillées
- ½ bouquet de coriandre fraîche, les feuilles hachées

SAUCE NUOC CHAM
- 2 gousses d'ail, épluchées
- 2 piments chiles rouges, séchés
- 25 ml (5 c. à thé) de sucre
- Le jus et la pulpe de ½ lime
- 60 ml (4 c. à soupe) de sauce de poisson
- 75 ml (5 c. à soupe) d'eau

Crevettes au bacon

- Dans un bol, mélanger la moutarde, l'ail, le poivron, l'aneth, l'huile, le jus de citron et le poivre. Ajouter les crevettes et mêler pour bien les enrober. Laisser mariner pendant 30 min.

- Préchauffer le barbecue à chaleur intense. Égoutter les crevettes et réserver la marinade. Envelopper chaque crevette d'un morceau de bacon, puis enfiler sur une brochette. Déposer sur la grille du barbecue légèrement huilée. Cuire pendant 2 à 3 min, ou jusqu'à ce que le bacon soit cuit et croustillant. Badigeonner de marinade et tourner plusieurs fois pendant la cuisson.

- 15 ml (1 c. à soupe) de moutarde de Dijon
- 1 gousse d'ail, écrasée
- ¼ de poivron rouge, haché finement
- 15 ml (1 c. à soupe) d'aneth frais, haché finement
- 30 ml (2 c. à soupe) d'huile d'olive
- 30 ml (2 c. à soupe) de jus de citron
- Poivre noir fraîchement moulu, au goût
- 12 grosses crevettes cuites et décortiquées, mais avec les queues intactes
- 4 tranches de bacon maigre, coupées en 12 tronçons d'environ 7,5 cm (3 po)

Crevettes au miel et au chile

3 à 4 portions

- 500 g (1 lb) de crevettes moyennes, crues
- 50 ml (¼ tasse) de vin rouge
- 125 ml (½ tasse) de miel
- 1 ml (¼ c. à thé) d'assaisonnement au chile
- 5 ml (1 c. à thé) de moutarde en poudre
- Brochettes de bambou préalablement trempées dans l'eau

• Pour faire la marinade, mélanger tous les ingrédients, sauf les crevettes.

• Décortiquer et déveiner les crevettes en laissant les queues intactes. Les placer dans un bol en verre et les recouvrir de marinade. Couvrir et laisser mariner au réfrigérateur pendant 1 h. Ensuite, enfiler les crevettes sur les brochettes, soit sur le sens de la longueur, soit sur le sens de la largeur.

• Préchauffer le barbecue à chaleur moyenne-élevée. Placer une feuille de papier d'aluminium sur la grille et y déposer les crevettes. Faire cuire de 4 à 5 min par côté en les badigeonnant souvent de marinade. Elles deviennent rosées lorsqu'elles sont cuites. Retirer les crevettes des brochettes et servir immédiatement.

Crevettes teriyaki

- 1 kg (2 lb) de crevettes fraîches, crues et non décortiquées

MARINADE TERIYAKI
- 125 ml (½ tasse) de sauce soja
- 30 ml (2 c. à soupe) de cassonade
- 2 ml (½ c. à thé) de gingembre moulu
- 30 ml (2 c. à soupe) de vinaigre de vin
- 1 gousse d'ail, écrasée
- 30 ml (2 c. à soupe) de sauce tomate
- Brochettes de bambou préalablement trempées dans l'eau

• Pour faire la marinade, mélanger tous les ingrédients dans un bol et laisser reposer pendant 1 h pour que les saveurs se mêlent.

• Décortiquer les crevettes en laissant les queues intactes. Les placer dans un bol en verre ou en plastique (mais non en métal) et les recouvrir de marinade. Couvrir le bol et réfrigérer pendant 1 h ou 2 h avant de les embrocher. (S'il s'agit de petites crevettes, en enfiler 2 ou 3 par brochette; si les crevettes sont plus grosses, une seule suffit.)

• Préchauffer le barbecue et placer une feuille de papier d'aluminium sur la grille. Y déposer les crevettes et les badigeonner de marinade pendant la cuisson. Cuire des deux côtés jusqu'à ce qu'elles deviennent rosées. Faire attention de ne pas trop les cuire.

INGRÉDIENTS

- 15 ml (1 c. à soupe) d'huile végétale
- 15 ml (1 c. à soupe) de pâte de cari Madras
- 30 ml (2 c. à soupe) de gingembre frais, râpé finement
- 2 gousses d'ail, écrasées
- 30 ml (2 c. à soupe) de jus de lime
- 125 ml (½ tasse) de yogourt nature
- 36 crevettes moyennes crues, décortiquées et déveinées, mais avec les queues intactes
- 90 ml (6 c. à soupe) de graines de sésame grillées

OIGNONS « MASALA » VERTS
- 30 g (1 oz) de ghee ou de beurre
- 2 oignons, en morceaux
- 30 ml (2 c. à soupe) de pâte masala verte

PRÉPARATION

- Dans un bol, mélanger l'huile, la pâte de cari, le gingembre, l'ail, le jus de lime et le yogourt. Ajouter les crevettes et bien mêler. Couvrir et laisser mariner au réfrigérateur pendant 2 à 3 h.

- Égoutter les crevettes et en enfiler trois par brochette préalablement huilée. Rouler les brochettes dans les graines de sésame et les faire cuire 3 min de chaque côté (ou jusqu'à ce que les crevettes soient cuites) sur un barbecue dont la grille a été légèrement huilée ou encore, les passer sous le grill.

- Pour préparer les oignons masala, faire fondre le ghee ou le beurre dans une casserole, puis ajouter les oignons et cuire à feu modéré, en remuant, pendant 5 min ou jusqu'à ce que les oignons soient tendres. Incorporer la pâte masala et poursuivre la cuisson pendant 2 min ou plus, jusqu'à ce que tout soit bien chaud. Servir avec les crevettes.

Brochettes de crevettes et d'avocat

- 2 avocats, coupés en cubes
- 45 ml (3 c. à soupe) de jus de citron
- 20 grosses crevettes, cuites et décortiquées
- 10 tomates cerises, coupées en deux
- 10 brochettes de bambou, légèrement huilées

TREMPETTE AUX TOMATES
- 125 ml (½ tasse) de crème sure
- 125 ml (½ tasse) de mayonnaise
- 30 ml (2 c. à soupe) de sauce tomate
- 10 ml (2 c. à thé) de sauce Worcestershire

- Placer les cubes d'avocat dans un bol et y verser le jus de citron. Bien mêler. Enfiler les brochettes en alternant, crevettes, avocats et tomates. (Utiliser 2 unités de chacun par brochette.)

- Pour faire la trempette, mélanger la crème sure, la mayonnaise et les sauces tomate et Worcestershire. Servir avec les brochettes.

Crevettes barbecue au chile

4 portions

• Pour faire la marinade, mélanger dans un bol l'assaisonnement au chile, l'origan, l'ail, les jus et les zestes d'orange et de lime. Ajouter les crevettes et bien mêler. Couvrir et laisser mariner au réfrigérateur pendant 1 h.

• Égoutter les crevettes et les faire cuire sur une plaque à fond cannelée préchauffée pendant 1 min de chaque côté ou jusqu'à ce qu'elles changent de couleur.

• Dans un bol, mêler la papaye et la menthe. Garnir les crevettes de ce mélange et ajouter les quartiers de lime et les tranches de piments chiles.

- 1 kg (2 lb) de crevettes moyennes crues, non décortiquées
- 250 g (½ lb) de papaye hachée
- 30 ml (2 c. à soupe) de menthe fraîche, hachée
- Quartiers de lime
- Piments chiles, en tranches

MARINADE À L'ORANGE
- 30 ml (2 c. à soupe) d'assaisonnement au chile
- 30 ml (2 c. à soupe) d'origan frais, haché
- 2 gousses d'ail, écrasées
- 10 ml (2 c. à thé) de zeste d'orange, râpé
- 10 ml (2 c. à thé) de zeste de lime, râpé
- 50 ml (¼ tasse) de jus d'orange
- 50 ml (¼ tasse) de jus de lime

Brochettes de crevettes

4 portions

• Bien laver les crevettes. Ne pas les décortiquer.

• Mélanger les ingrédients de la marinade et verser sur les crevettes. Laisser mariner au réfrigérateur pendant 1 à 2 h.

• Embrocher les crevettes. Passer les brochettes sous le grill ou les cuire sur le barbecue pendant environ 10 min en les tournant souvent. (Ces brochettes peuvent aussi être cuites dans une poêle à fond cannelé.)

- 500 g (1 lb) de crevettes crues

MARINADE
- 1 petit oignon, haché finement
- 2 gousses d'ail, écrasées
- 5 ml (1 c. à thé) de gingembre frais, haché
- 50 ml (¼ tasse) de xérès sec
- 50 ml (¼ tasse) d'huile d'olive
- Sel et poivre noir fraîchement moulu, au goût
- 12 brochettes de bambou (préalablement trempées dans l'eau pendant 30 min)

Paella aux fruits de mer

INGRÉDIENTS

PRÉPARATION

- 15 ml (1 c. à soupe) d'huile d'olive
- 2 oignons, hachés
- 2 gousses d'ail, écrasées
- 15 ml (1 c. à soupe) de feuilles de thym frais
- 10 ml (2 c. à thé) de zeste de citron, râpé finement
- 4 tomates mûres, hachées
- 500 g (1 lb) riz blanc à grains courts
- une pincée de filaments de safran trempés dans 500 ml (2 tasses) d'eau
- 1 ¼ litre (5 tasses) de fond de volaille ou de fumet de poisson
- 315 g (10 oz) de petits pois, frais ou surgelés
- 2 poivrons rouges, hachés
- 1 kg (2 lb) de moules, brossées et ébarbées
- 500 g (1 lb) de filets de poisson à chair blanche et ferme, hachés
- 315 g (10 oz) de crevettes crues, décortiquées
- 220 g (7 oz) de pétoncles
- 3 calmars, corps tranchés
- 15 ml (1 c. à soupe) de persil frais, haché

- Préchauffer le barbecue à chaleur moyenne. Placer une grande poêle à paella sur la grille, y verser l'huile et la chauffer. Ajouter les oignons, l'ail, le thym et le zeste de citron et cuire pendant 3 min ou jusqu'à ce que les oignons soient tendres.

- Ajouter les tomates et cuire en remuant pendant 4 min. Puis, ajouter le riz et poursuivre la cuisson en remuant pendant 4 min, ou jusqu'à ce que le riz devienne translucide. Verser l'infusion de safran et le fond de volaille ou de poisson et laisser mijoter pendant 30 min ou jusqu'à ce que le riz ait absorbé presque tout le liquide. Remuer de temps en temps.

- Ajouter les petits pois, les poivrons et les moules, remuer et cuire 2 min. Ajouter le poisson, les crevettes et les pétoncles et cuire en remuant pendant 2 à 3 min. Ajouter les calmars et le persil et poursuivre la cuisson en remuant pendant 1 à 2 min, ou jusqu'à ce que les fruits de mer soient cuits.

Crevettes marinées
enveloppées de bacon

4 portions

INGRÉDIENTS

- 32 crevettes moyennes, crues, décortiquées et déveinées
- 50 ml (¼ tasse) de jus de lime, frais
- 1 gousse d'ail, écrasée
- 15 ml (1 c. à soupe) de gingembre râpé
- 30 ml (2 c. à soupe) de cassonade
- 16 tranches de bacon

• Dans un bol de grosseur moyenne, mêler les crevettes, le jus de lime, l'ail, le gingembre et le sucre. Couvrir et réfrigérer pendant 30 min.

• Couper le bacon en tronçons d'environ 2,5 cm (1 po) et enrouler chaque morceau autour d'une crevette. Enfiler deux crevettes enveloppées par brochette.

• Griller sur le barbecue à chaleur modérée pendant 2 min de chaque côté, ou jusqu'à ce que les crevettes soient cuites.

Brochettes de crevettes et de pétoncles

- 6 crevettes moyennes, crues, décortiquées et déveinées
- 500 g (1 lb) de pétoncles
- 1 gros oignon, coupé en huit morceaux

MARINADE
- 15 ml (1 c. à soupe) d'huile d'olive
- 30 ml (2 c. à soupe) de vin blanc
- 10 ml (2 c. à thé) d'aneth frais, haché finement
- 10 ml (2 c. à thé) de persil frais, haché finement
- 10 ml (2 c. à thé) de ciboulette fraîche, hachée finement
- 2 gousses d'ail, écrasées
- 10 ml (2 c. à thé) de zeste de lime, râpé
- 30 ml (2 c. à soupe) de jus de lime
- Poivre noir fraîchement moulu

• Préparer six brochettes en alternant les pétoncles et les oignons et en insérant une crevette au milieu.

• Pour faire la marinade, mélanger dans un bol en verre l'huile, le vin, l'aneth, le persil, la ciboulette, l'ail, le jus et le zeste de lime. Poivrer au goût. Y plonger les brochettes et laisser mariner pendant 1 h.

• Retirer les brochettes de la marinade et les griller de 2 à 3 min de chaque côté, en les tournant régulièrement et en les badigeonnant souvent de marinade.

CREVETTES À L'ORIENTALE

Outre leur popularité en Asie, les crevettes
et autres fruits de mer constituent des éléments
très importants de la culture de ces peuples
orientaux. Les Asiatiques exploitent en effet
pleinement la grande variété de denrées
qu'ils puisent dans la mer. Et avec l'infinité
de saveurs qu'ils savent en tirer, il n'est pas
étonnant que la cuisine orientale
soit si appréciée de nos jours.

Tempura au chile

- Pour préparer la pâte à frire, mélanger la farine, la fécule et l'assaisonnement au chile dans un bol. Faire un puits au centre et y verser l'œuf et l'eau, puis fouetter jusqu'à consistance onctueuse. Ajouter les glaçons.

- Chauffer l'huile dans une bassine à friture jusqu'à ce qu'elle soit suffisamment chaude pour dorer un cube de pain en 50 secondes.

- Tremper les crevettes, les pois mange-tout, les tranches d'aubergine et les fleurons de brocoli dans la pâte à frire, et les plonger ensuite dans l'huile chaude pendant 3 à 4 min ou jusqu'à ce qu'ils deviennent dorés et croustillants. Ne faire que quelques morceaux à la fois. Servir immédiatement.

INGRÉDIENTS

- Huile végétale pour grande friture
- 500 g (1 lb) de grosses crevettes crues, décortiquées et déveinées, mais avec les queues intactes
- 12 pois mange-tout, parés
- 1 aubergine, tranchée finement
- 1 petit brocoli, en fleurons

PÂTE À FRIRE POUR TEMPURA
- 175 ml (¾ tasse) de farine à levure
- 125 ml (½ tasse) de fécule de maïs
- 5 ml (1 c. à thé) d'assaisonnement au chile
- 1 œuf, légèrement battu
- 250 ml (1 tasse) d'eau glacée
- 4 glaçons

Toasts aux crevettes

- Dans un robot de cuisine ou un mélangeur, hacher grossièrement les crevettes, les oignons verts, le gingembre, la sauce soja et l'huile de sésame. Ajouter les blancs d'œufs et bien mélanger.

- Couper les croûtes du pain et tartiner du mélange de crevettes, puis couper chaque tranche en trois.

- Tremper le côté tartiné de chaque morceau de pain dans la chapelure, puis faire frire jusqu'à ce que les morceaux soient bien dorés. Égoutter sur du papier essuie-tout et servir avec une garniture à la coriandre.

- 500 g (1 lb) de crevettes cuites, décortiquées et déveinées
- 6 oignons verts, hachés
- 10 ml (2 c. à thé) de gingembre frais, râpé
- 10 ml (2 c. à thé) de sauce soja légère
- 2 ml (½ c. à thé) d'huile de sésame
- 2 blancs d'œufs
- 6 tranches de pain blanc
- 30 g (1 oz) de chapelure fraîche, faite de pain blanc
- Huile pour grande friture

Crevettes papillon

INGRÉDIENTS

- 500 g (1 lb) de crevettes moyennes, crues
- 1 rouelle de jambon
- 1 courgette
- 6 oignons verts
- 30 ml (2 c. à soupe) d'huile végétale
- 30 ml (2 c. à soupe) de gingembre
- 1 cube de bouillon de poulet concentré
- 30 ml (2 c. à soupe) de fécule de maïs
- 30 ml (2 c. à soupe) de xérès
- 1 gousse d'ail
- 30 ml (2 c. à soupe) de sauce soja

PRÉPARATION

• Décortiquer et déveiner les crevettes, mais laisser les queues intactes. Faire une incision peu profonde le long du dos des crevettes, puis au milieu de chaque crevette, faire une incision d'environ 1 cm (¹/₂ po) de long qui traverse complètement la crevette.

• Couper le jambon, la courgette et les oignons verts en lanières d'environ 5 cm (2 po) de longueur. Insérer une lanière de chacun de ces ingrédients dans la fente de chacune des crevettes.

• Chauffer l'huile végétale dans un wok ou une poêle, puis faire sauter les crevettes en remuant pendant 1 min.

• Dissoudre le cube de bouillon et la fécule de maïs dans l'eau et verser sur les crevettes. Ajouter le xérès et la sauce soja et cuire jusqu'à ce que le mélange bouille et épaississe. Utiliser comme trempette pour les crevettes.

Bœuf et crevettes aux nouilles

4 portions

• Placer les nouilles dans un bol et les couvrir d'eau bouillante. Laisser reposer pendant 8 min, puis égoutter.

• Chauffer l'huile et l'ail dans un wok ou une grande poêle, puis ajouter le bœuf. Faire sauter à feu vif en remuant pendant 2 à 3 min ou jusqu'à ce que le bœuf soit doré. Ajouter les crevettes et cuire en remuant 1 min de plus. Incorporer le sucre, le vinaigre, la sauce de poisson et le chile, et porter à ébullition en remuant constamment.

• Ajouter les œufs en remuant jusqu'à ce qu'ils soient cuits. Puis, ajouter les germes de haricot, la carotte et les nouilles, et bien mêler. Garnir de coriandre et d'amandes, puis servir.

- 155 g (5 oz) de nouilles de riz
- 15 ml (1 c. à soupe) d'huile d'arachide
- 2 gousses d'ail, écrasées
- 250 g (½ lb) de bœuf haché maigre
- 250 g (½ lb) de crevettes crues, décortiquées et déveinées
- 30 ml (2 c. à soupe) de sucre semoule
- 30 ml (2 c. à soupe) de vinaigre blanc
- 15 ml (1 c. à soupe) de sauce de poisson
- 1 piment chile rouge frais, haché finement
- 2 œufs, légèrement battus
- 125 g (4 oz) de germes de haricot
- 1 grosse carotte, râpée
- 45 ml (3 c. à soupe) de coriandre fraîche, hachée
- 30 ml (2 c. à soupe) d'amandes mondées, hachées

Crevettes au gingembre

- 5 cm (2 po) de gingembre frais
- 3 grosses échalotes vertes
- 125 ml (½ tasse) d'huile d'arachide
- 2 ml (½ c. à thé) de piments chiles séchés, broyés
- Poivre noir, au goût
- 15 ml (1 c. à soupe) de sauce soja
- 1 kg (2 lb) de grosses crevettes crues

• Peler le gingembre et en couper une moitié en tranches fines et l'autre, en julienne. Couper les échalotes en morceaux de 5 cm (2 po) de longueur. Chauffer l'huile, puis ajouter les tranches de gingembre, les échalotes et les piments broyés. Retirer du feu, ajouter le poivre et la sauce soja et laisser infuser jusqu'à ce que le mélange soit complètement refroidi.

• Laver et éponger les crevettes, puis avec un petit ciseau, faire une incision sur le dos des crevettes et enlever le long filament noir qui se trouve sous la carapace. Ne pas les décortiquer et laisser les queues. On peut, si l'on préfère, enlever les têtes. Mêler les crevettes dans le mélange d'huile refroidi, et laisser mariner pendant plusieurs heures.

• Chauffer le barbecue jusqu'à ce qu'il soit très chaud, puis déposer les crevettes sur la grille. Asperger de marinade et parsemer de lanières de gingembre. Griller les crevettes jusqu'à ce qu'elles soient roses, puis les tourner et les badigeonner de nouveau. Servir dès que les crevettes sont cuites.

Crevettes et pétoncles
à la noix de coco

INGRÉDIENTS

- 1 kg (2 lb) de grosses crevettes crues, décortiquées et déveinées, mais avec les queues intactes
- 3 blancs d'œufs, légèrement battus
- 90 g (3 oz) de filaments de noix de coco
- Huile végétale pour grande friture
- 15 ml (1 c. à soupe) d'huile d'arachide
- 4 piments chiles rouges frais, épépinés et tranchés
- 2 petits piments chiles verts frais, épépinés et tranchés
- 2 gousses d'ail, écrasées
- 15 ml (1 c. à soupe) de gingembre frais, râpé
- 3 feuilles de lime kaffir, ciselées
- 375 g (12 oz) de pétoncles
- 125 g (4 oz) de germes ou de feuilles de pois mange-tout
- 30 ml (2 c. à soupe) de cassonade ou de sucre de palme
- 50 ml (¼ tasse) de jus de lime
- 30 ml (2 c. à soupe) de sauce de poisson (*nam pla*)

PRÉPARATION

• Tremper les crevettes dans le blanc d'œufs, puis les rouler dans la noix de coco. Chauffer l'huile dans une bassine à friture jusqu'à ce qu'elle soit assez chaude pour dorer un cube de pain en 50 secondes. Faire cuire les crevettes, quelques-unes à la fois, de 2 à 3 min ou jusqu'à ce qu'elles soient dorées et croustillantes, puis les égoutter sur du papier essuie-tout et les garder au chaud.

• Chauffer l'huile d'arachide dans un wok, puis ajouter les piments chiles rouges et verts, l'ail, le gingembre et les feuilles de lime et cuire à feu vif en remuant pendant 2 à 3 min ou jusqu'à ce que les fragrances embaument.

• Ajouter les pétoncles au wok et faire sauter pendant 3 min ou jusqu'à ce qu'ils deviennent opaques. Ajouter les crevettes cuites, les germes ou les feuilles de pois mange-tout, la cassonade, le jus de lime et la sauce de poisson et cuire en remuant pendant 2 min ou jusqu'à ce que tout soit bien chaud.

Cari de crevettes citronnées

4 portions

• Mélanger le lait de coco, les pâtes de crevette et de cari, la citronnelle, les piments chiles, le cumin et la coriandre dans un wok. Chauffer à feu modéré et faire mijoter pendant 10 min en remuant de temps en temps.

• Ajouter les crevettes, le concombre, les pousses de bambou et le tamarin. Bien mélanger et poursuivre la cuisson 10 min de plus, ou jusqu'à ce que les crevettes soient cuites.

- 500 ml (2 tasses) de lait de coco
- 5 ml (1 c. à thé) de pâte de crevettes
- 30 ml (2 c. à soupe) de pâte de cari verte
- 1 tige de citronnelle fraîche, hachée finement ou 2 ml (½ c. à thé) de citronnelle séchée trempée dans l'eau chaude pour amollir
- 2 piments chiles verts, frais, hachés
- 15 ml (1 c. à soupe) de cumin moulu
- 15 ml (1 c. à soupe) coriandre moulue
- 500 g (1 lb) de grosses crevettes crues, décortiquées et déveinées
- 3 concombres, coupés en deux sur la longueur, puis tranchés
- 125 g (4 oz) de pousses de bambou en conserve, égouttées
- 15 ml (1 c. à soupe) de concentré de tamarin dissous dans 45 ml (3 c. à soupe) d'eau chaude

Crevettes sautées au chile

INGRÉDIENTS

- 5 ml (1 c. à thé) d'huile végétale
- 5 ml (1 c. à thé) d'huile de sésame
- 3 gousses d'ail, écrasées
- 3 piments chiles rouges frais, hachés
- 1 kg (2 lb) de crevettes moyennes crues, décortiquées et déveinées
- 15 ml (1 c. à soupe) de cassonade
- 75 ml (⅓ tasse) de jus de tomate
- 15 ml (1 c. à soupe) de sauce soja

PRÉPARATION

- Chauffer les huiles végétale et de sésame dans un wok, puis ajouter l'ail et le piment et faire sauter à feu modéré, en remuant, pendant 1 min. Ajouter les crevettes et cuire en remuant pendant 2 min ou jusqu'à ce qu'elles changent de couleur.

- Incorporer le sucre, le jus de tomate et la sauce soja et poursuivre la cuisson en remuant pendant 3 min ou jusqu'à ce que la sauce soit bien chaude.

Nids printaniers

- Huile végétale pour grande friture
- 8 carrés de rouleaux printaniers ou de wontons d'environ 12,5 cm (5 po)
- 30 ml (2 c. à soupe) de noix de cajou, non salées, grillées et hachées

GARNITURE AU PORC ET AUX CREVETTES

- 15 ml (1 c. à soupe) d'huile d'arachide
- 10 ml (2 c. à thé) de gingembre frais, râpé finement
- 1 petit piment chile rouge frais, haché finement
- 4 oignons verts, hachés finement
- 250 g (½ lb) de porc haché maigre
- 125 g (¼ lb) de crevettes crues, décortiquées et déveinées
- 15 ml (1 c. à soupe) de sauce soja
- 10 ml (2 c. à thé) de sauce de poisson
- 10 ml (2 c. à thé) de miel
- 10 ml (2 c. à thé) de jus de citron
- 30 g (1 oz) de germes de haricot
- 1 petite carotte, en julienne
- 15 ml (1 c. à soupe) de coriandre fraîche, hachée finement

• Chauffer l'huile végétale dans une bassine à friture jusqu'à ce qu'elle soit assez chaude pour dorer un cube de pain en 50 secondes. Placer deux carrés de rouleaux printaniers ou de wontons en diagonale l'un par-dessus l'autre de sorte que les coins ne correspondent pas. Façonner les pâtes autour d'une petite louche pour leur donner la forme d'un panier, puis les plonger dans l'huile chaude pendant 3 à 4 min. Pendant la cuisson, maintenir les pâtes immergées dans l'huile à l'aide d'une louche pour garder la forme d'un panier. Égoutter sur du papier essuie-tout. Répéter avec les autres carrés afin d'obtenir quatre petits paniers ou nids.

• Pour préparer la garniture, chauffer l'huile d'arachide dans une poêle, puis faire sauter le gingembre, le piment et les oignons verts pendant 1 min. Ajouter le porc et cuire en remuant pendant 5 min, ou jusqu'à ce que la viande soit dorée. Ajouter les crevettes, les sauces de poisson et de soja, le miel, le jus de citron, les germes de haricot, la carotte et la coriandre et cuire en remuant pendant 4 à 5 min, ou jusqu'à ce que les crevettes changent de couleur.

• Pour servir, remplir les petits nids de cette garniture et saupoudrer de noix de cajou.

Crevettes à l'ail, mode thaïlandaise

Crevettes à l'ail, mode thaïlandaise

- 6 gousses d'ail, écrasées
- 90 ml (6 c. à soupe) de coriandre fraîche, hachée
- 45 ml (3 c. à soupe) d'huile végétale
- 500 g (1 lb) de grosses crevettes crues, décortiquées et déveinées, mais avec les queues intactes
- 175 ml (³/₄ tasse) d'eau
- 50 ml (¹/₄ tasse) de sauce de poisson
- 15 ml (1 c. à soupe) de sucre
- Poivre noir fraîchement moulu, au goût

• Dans un robot de cuisine ou un mélangeur, fouetter l'ail, la coriandre et 30 ml (2 c. à soupe) d'huile jusqu'à consistance lisse.

• Chauffer le reste de l'huile dans un grand wok ou poêlon, puis ajouter le mélange d'ail et cuire à feu vif en remuant pendant 2 min. Ajouter les crevettes et mêler pour bien les enrober. Incorporer l'eau, la sauce de poisson et le sucre, et poivrer au goût. Cuire en remuant jusqu'à ce que les crevettes soient cuites.

Nouilles sautées à la thaïlandaise (Pad Thaï)

- 315 g (10 oz) de nouilles de riz, fraîches ou séchées
- 10 ml (2 c. à thé) d'huile végétale
- 4 échalotes roses ou cuivrées, hachées
- 3 piments chiles rouges frais, hachés
- 30 ml (2 c. à soupe) de gingembre frais, haché
- 250 g (8 oz) de blancs de poulet hachés
- 250 g (8 oz) de crevettes moyennes crues, décortiquées et déveinées
- 60 g (2 oz) d'arachides grillées, hachées
- 15 ml (1 c. à soupe) de sucre
- 60 ml (4 c. à soupe) de jus de lime
- 45 ml (3 c. à soupe) de sauce de poisson
- 30 ml (2 c. à soupe) de sauce soja légère
- 125 g (4 oz) de tofu, haché
- 60 g (2 oz) de germes de haricot
- 60 ml (4 c. à soupe) de coriandre fraîche
- 45 ml (3 c. à soupe) de menthe fraîche
- Quartiers de lime, pour servir

• Mettre les nouilles dans un bol et les couvrir d'eau bouillante. Si les nouilles sont fraîches, laisser tremper 2 min; si elles sont séchées, les laisser tremper de 5 à 6 min ou jusqu'à ce qu'elles soient tendres. Bien égoutter et réserver.

• Chauffer l'huile dans une poêle ou un wok, puis faire sauter les échalotes, les piments chiles et le gingembre pendant 1 min. Ajouter le poulet et les crevettes et cuire en remuant pendant 4 min ou jusqu'à ce que tout soit cuit.

• Ajouter les nouilles, les arachides, le sucre, le jus de lime, les sauces soja et de poisson et cuire en remuant pendant 4 min, ou jusqu'à ce que la préparation soit bien chaude. Incorporer le tofu, les germes de haricot, la coriandre et la menthe et poursuivre la cuisson 1 à 2 min de plus ou jusqu'à ce que tout soit chaud. Servir avec des quartiers de lime.

Crêpes vietnamiennes et trempette

4 portions

CRÊPES

- 250 g (8 oz) de farine
- 5 ml (1 c. à thé) de sel
- 7 ml (1 ½ c. à thé) de sucre
- 250 ml (1 tasse) de lait de coco (en conserve)
- 250 ml (1 tasse) d'eau
- 2 ml (½ c. à thé) de curcuma moulu
- 200 g (7 oz) de crevettes moyennes décortiquées
- 200 g (7 oz) de germes de haricot
- 100 g (3 ⅓ oz) de filet de porc ou de poulet
- 1 oignon, en tranches
- Huile d'arachide, pour frire

TREMPETTE

- 15 ml (3 c. à thé) de sauce de poisson
- 25 ml (5 c. à thé) de sucre
- 30 ml (2 c. à soupe) d'eau
- 1 petit piment chile rouge, haché finement
- 1 gousse d'ail, hachée finement
- Feuilles de menthe vietnamienne, pour servir
- Feuilles de laitue iceberg, pour servir

• Préparer d'abord la pâte à crêpes. Mélanger la farine, le sel, le sucre, le lait de coco, l'eau et le curcuma jusqu'à consistance onctueuse.

• Laver et éponger les crevettes, puis les hacher grossièrement. Rincer les germes de haricot et réserver.

• Couper le porc ou le poulet en cubes.

• Chauffer un grand poêlon et y verser un peu d'huile. Ajouter le porc, les oignons et les crevettes et cuire en remuant constamment jusqu'à ce que les crevettes changent de couleur et que le porc soit bien cuit.

• Verser suffisamment de pâte à crêpes sur le mélange pour recouvrir tous les ingrédients, puis ajouter des germes de haricots par-dessus et couvrir le poêlon. Cuire pendant 2 min, jusqu'à ce que le mélange soit croustillant. Tourner et cuire l'autre côté jusqu'à ce qu'il soit doré.

• Préparer la trempette en mélangeant bien tous les ingrédients.

Sushis au thon et aux crevettes

INGRÉDIENTS

- 12 grosses crevettes cuites, décortiquées et déveinées, mais avec les queues intactes
- 10 ml (2 c. à thé) de wasabi en poudre
- 125 g (4 oz) de thon sashimi (frais)
- 1 feuille d'amanori (algue), coupée en lanières (facultatif)
- sauce soja

RIZ SUSHI
- 500 g (1 lb) de riz à grains ronds
- 625 ml (2 ½ tasses) d'eau
- 30 ml (2 c. à soupe) de saké doux ou de xérès
- 60 ml (4 c. à soupe) de vinaigre de riz
- 30 ml (2 c. à soupe) de sucre
- 2 ml (½ c. à thé) de sel

PRÉPARATION

• Rincer le riz à l'eau froide plusieurs fois, puis le laisser égoutter pendant 30 min. Le mettre ensuite dans une grande casserole avec l'eau et porter à ébullition. Couvrir et laisser cuire à feu doux, sans remuer, pendant 15 min. Retirer la casserole du feu et laisser reposer 10 min.

• Dans une petite casserole, porter à ébullition le saké ou le xérès, le vinaigre, le sucre et le sel. Retirer la casserole du feu et laisser refroidir le mélange.

• Verser le riz dans un grand plat peu profond et mêler avec le mélange de vinaigre jusqu'à ce que le riz ait refroidi et qu'il soit à la température de la pièce. Placer une cuillerée de riz dans votre main et presser pour en faire une boulette ovale. La poser sur un plat et faire de même avec le reste du riz de manière à obtenir 24 boulettes.

• Faire une incision peu profonde sur le dessous des crevettes en veillant à ne pas les traverser complètement, puis les aplatir. Mélanger le wasabi en poudre avec quelques gouttes d'eau pour obtenir une pâte onctueuse et en appliquer sur chaque boulette de riz. Surmonter 12 boulettes de riz d'une crevette.

• Couper le thon en 12 morceaux de 2 cm X 4 cm (¾ po X 1 ½ po) et de 5 mm (⅕ po) d'épaisseur. Placer un morceau de thon sur chacune des 12 autres boulettes de riz. Envelopper chaque boulette d'une bande d'amanori et servir avec de la sauce soja comme trempette.

Crevettes au beurre de coriandre

4 portions

• Faire mariner les crevettes pendant quelques heures dans l'huile, la moitié de la quantité de coriandre, l'ail, le sel et le jus de citron.

• Préparer la sauce en mélangeant le vin, le vermouth, le vinaigre et les oignons verts dans une casserole. Porter à ébullition, et laisser réduire jusqu'à 45 ml (3 c. à soupe) environ. Baisser le feu et incorporer le beurre par petites quantités à la fois en fouettant jusqu'à ce que la sauce épaississe. Assaisonner d'un peu de jus de citron, de sel et de poivre. Hacher le reste de la coriandre et l'ajouter à la sauce.

• Chauffer un grand poêlon et faire sauter les crevettes pendant environ 2 min. Prévoir une casserole d'eau salée bouillante dans laquelle cuire, pendant 1 min, les pois mange-tout, les poivrons rouges et les champignons.

• Égoutter les légumes et les mêler aux crevettes dans le poêlon. Diviser la préparation en quatre, réchauffer la sauce au beurre et en verser sur chaque portion.

INGRÉDIENTS

- 750 g (1 1/2 lb) de grosses crevettes crues décortiquées et déveinées, mais avec les queues intactes
- 50 ml (1/4 tasse) d'huile d'olive
- 1 bouquet de coriandre
- 2 gousses d'ail, écrasées
- Sel, au goût
- 30 ml (2 c. à soupe) de jus de citron
- 50 ml (1/4 tasse) de vin blanc sec
- 50 ml (1/4 tasse) de vermouth sec
- 15 ml (1 c. à soupe) de vinaigre de vin blanc
- 30 ml (2 c. à soupe) d'oignons verts, hachés
- 90 g (3 oz) de beurre
- Jus de citron, sel et poivre, au goût
- 250 g (8 oz) de pois mange-tout
- 1/2 poivron rouge, en fines lanières
- 125 g (4 oz) de champignons blancs ou chinois

Sauté de crevettes tigrées, de pois mange-tout et de mangue

4 portions

• Chauffer l'huile dans un wok et faire sauter le gingembre et les crevettes pendant 2 min ou jusqu'à ce que les crevettes commencent à devenir roses.

• Ajouter les pois mange-tout et les oignons verts et cuire en remuant pendant 1 min pour attendrir légèrement les légumes. Ajouter la mangue et la sauce soja et poursuivre la cuisson tout en remuant pendant 1 min ou jusqu'à ce que tout soit bien chaud.

- 30 ml (2 c. à soupe) d'huile végétale
- 22 ml (1 1/2 c. à soupe) de gingembre frais, râpé
- 400 g (13 oz) de crevettes tigrées crues, décortiquées et déveinées, mais avec les queues intactes
- 300 g (10 oz) de pois mange-tout
- une botte d'oignons verts, en tranches
- 1 grosse mangue, pelée et tranchée finement
- 30 ml (2 c. à soupe) de sauce soja légère

Crevettes sésame-coco, avec salsa à la mangue

4 portions

INGRÉDIENTS

- 12 crevettes moyennes, décortiquées, mais avec les queues intactes
- Sel et poivre, au goût
- Farine pour saupoudrer
- 1 œuf, battu
- 250 ml (1 tasse) de graines de sésame
- 250 ml (1 tasse) de filaments de noix de coco
- 1 mangue pelée, en brunoise
- ½ petit oignon d'Espagne, en brunoise
- 30 ml (2 c. à soupe) de coriandre, hachée
- Le jus de 1 lime
- 30 ml (2 c. à soupe) de beurre ou d'huile d'olive
- Légumes verts assortis, au choix

PRÉPARATION

- Préparer les crevettes en papillons, puis les saupoudrer de sel, de poivre et de farine. Tremper dans l'œuf, laisser couler l'excès, puis rouler dans un mélange de graines de sésame et de filaments de noix de coco. Réserver.
- Dans un bol, mélanger la mangue, l'oignon, la coriandre et le jus de lime. Assaisonner au goût.
- Chauffer le beurre ou l'huile d'olive dans la poêle, puis ajouter les crevettes et faire sauter à feu vif pendant 1 à 2 min de chaque côté jusqu'à ce qu'elles soient dorées.
- Pour servir, placer quelques feuilles de laitue sur une assiette et y déposer 3 crevettes cuites accompagnées d'une grosse cuillerée de salsa à la mangue.

Riz frit aux crevettes

4 portions

- 150 g (5 oz) de riz à grains longs
- 2 ml (½ c. à thé) de sel
- 75 g (2 ½ oz) de petits pois, surgelés
- 30 ml (2 c. à soupe) d'huile végétale
- 3 gousses d'ail, épluchées et hachées grossièrement
- 2 oignons verts, émincés
- 1 œuf, battu
- 100 g (3 ½ oz) de crevettes cuites, décortiquées
- Une pincée de sel

- Rincer le riz dans une passoire. Dans une grande casserole, porter de l'eau à ébullition, puis ajouter le riz et le sel. Laisser mijoter pendant 10 min ou jusqu'à ce que le riz soit tendre, puis bien égoutter. Entre-temps, préparer une petite casserole d'eau bouillante, y ajouter les petits pois et les laisser cuire de 3 à 4 min, jusqu'à ce qu'ils soient tendres.
- Chauffer un wok ou un gros poêlon à base renforcée sur feu modéré. Ajouter l'huile et faire tournoyer le wok ou le poêlon pendant 1 min afin de bien recouvrir la base et les parois d'huile.
- Ajouter l'ail et les oignons verts et faire frire pendant 30 secondes en remuant constamment avec une cuillère de bois. Ajouter ensuite l'œuf battu et remuer vivement pendant 30 secondes ou jusqu'à ce qu'il atteigne la consistance des œufs brouillés.
- Ajouter le riz, les petits pois et les crevettes et cuire en remuant pendant 3 min ou jusqu'à ce que tout soit chaud et bien mêlé avec l'œuf et les oignons verts. Assaisonner d'une pincée de sel.

Sauté de crevettes au tamarin

4 portions

• Placer la pulpe de tamarin et l'eau dans un bol et laisser reposer pendant 20 min. Passer le mélange au tamis et réserver le liquide. (Jeter la pulpe.)

• Chauffer l'huile dans un wok ou une poêle, puis ajouter la citronnelle ou le zeste de citron et les piments chiles et faire sauter à feu vif pendant 1 min. Ajouter les crevettes et cuire en remuant pendant 2 min ou jusqu'à ce qu'elles changent de couleur.

• Ajouter la mangue, la coriandre, la cassonade, le jus de lime et le « jus » de tamarin et cuire tout en remuant pendant 5 min, ou jusqu'à ce que les crevettes soient cuites.

- 30 ml (2 c. à soupe) de pulpe de tamarin
- 125 ml (½ tasse) d'eau
- 10 ml (2 c. à thé) d'huile végétale
- 3 tiges de citronnelle fraîche, hachées ou 10 ml (2 c. à thé) de zeste de citron, râpé finement
- 2 piments chiles rouges frais, hachés
- 500 g (1 lb) de crevettes moyennes crues, décortiquées et déveinées, mais avec les queues intactes
- 2 mangues vertes (non mûres), pelées et tranchées finement
- 45 ml (3 c. à soupe) de feuilles de coriandre fraîche, hachées
- 30 ml (2 c. à soupe) de cassonade
- 30 ml (2 c. à soupe) de jus de lime

Croquettes de crevettes au sésame

INGRÉDIENTS

- 315 g (10 oz) de crevettes crues, décortiquées et déveinées
- 250 g (8 oz) de chair de crabe frais
- 3 oignons verts, hachés
- 30 ml (2 c. à soupe) de basilic frais, haché finement
- 1 piment chile rouge frais, haché finement
- 5 ml (1 c. à thé) de cumin moulu
- 5 ml (1 c. à thé) de paprika
- 1 blanc d'œuf
- 155 g (5 oz) de graines de sésame
- 15 ml (1 c. à soupe) d'huile végétale

PRÉPARATION

• Préchauffer le barbecue jusqu'à l'obtention d'une chaleur modérée. Dans le robot de cuisine, mélanger les crevettes, la chair de crabe, les oignons verts, le basilic, les piments chiles, le cumin, le paprika et le blanc d'œuf.

• Prendre 60 ml (4 c. à soupe) du mélange, façonner en galette, puis rouler dans les graines de sésame pour bien enrober. Répéter avec le reste du mélange de façon à obtenir 6 galettes.

• Chauffer l'huile sur une plaque en fonte pendant 2 à 3 min ou jusqu'à ce qu'elle soit bien chaude, puis y déposer les galettes et les cuire 10 min de chaque côté ou jusqu'à ce qu'elles soient cuites et bien dorées.

Crevettes frites à la mode asiatique

• Avec un pilon et un mortier, ou encore dans un robot de cuisine, broyer les piments, l'ail, le gingembre et l'échalote. Chauffer l'huile dans une grande poêle à base renforcée ou dans un wok et faire frire l'oignon à feu vif pendant 2 min pour l'attendrir légèrement. Ajouter la pâte obtenue au mortier ou au robot et cuire en remuant pendant 1 min pour libérer les saveurs.

• Ajouter les crevettes et les tomates, bien mêler, saupoudrer de sucre et saler au goût. Cuire en remuant souvent pendant 3 à 5 min, jusqu'à ce que les crevettes soient cuites et qu'elles deviennent roses.

INGRÉDIENTS

- 3 petits piments chiles rouges frais, épépinés et hachés
- 2 gousses d'ail, hachées
- Un morceau d'environ 2,5 cm (1 po) de racine de gingembre frais, hachée
- 1 échalote, hachée
- 30 ml (2 c. à soupe) d'huile végétale
- 1 oignon, haché
- 500 g (1 lb) de crevettes crues, décortiquées et déveinées, mais avec les queues intactes
- 2 tomates, en quartiers
- 5 ml (1 c. à thé) de sucre
- Sel, au goût

Nouilles Singapour

• Plonger les nouilles dans un bol d'eau bouillante et laisser reposer pendant 5 min. Égoutter et réserver.

• Chauffer l'huile végétale dans un wok, puis ajouter les œufs et faire tournoyer le wok afin l'œuf en recouvre le fond et les parois. Laisser cuire à feu modéré pendant 2 min, ou jusqu'à ce que l'œuf soit cuit. Enlever l'omelette, la laisser refroidir, puis l'enrouler sur elle-même et la couper en lanières.

• Faire chauffer l'huile de sésame dans un wok propre, puis ajouter l'oignon, le poivron, l'ail et le piment et cuire à feu vif en remuant pendant 3 min. Ajouter les crevettes et le porc et poursuivre la cuisson, en remuant, 3 min de plus.

• Ajouter les nouilles, les lanières d'omelette, les oignons verts, la coriandre, le sucre, le curcuma, le cumin et la sauce soja et cuire en remuant pendant 3 min ou jusqu'à ce que tout soit bien chaud.

- 500 g (1 lb) de nouilles aux œufs, fraîches
- 10 ml (2 c. à thé) d'huile végétale
- 2 œufs, légèrement battus
- 5 ml (1 c. à thé) d'huile de sésame
- 1 oignon, haché
- 1 poivron rouge, haché
- 2 gousses d'ail, écrasées
- 1 piment chile rouge frais, haché
- 8 grosses crevettes crues, décortiquées et déveinées
- 250 g (8 oz) de porc laqué ou rôti à la chinoise, émincé
- 6 oignons verts, en tranches
- 30 ml (2 c. à soupe) de feuilles de coriandre fraîche
- 5 ml (1 c. à thé) de sucre
- 5 ml (1 c. à thé) de curcuma moulu
- 2 ml (½ c. à thé) de cumin moulu
- 30 ml (2 c. à soupe) de sauce soja

Crevettes à la citronnelle

INGRÉDIENTS

- 1 kg (2 lb) de crevettes moyennes crues
- 3 tiges de citronnelle fraîche, hachées finement
- 2 oignons verts, hachés
- 2 petits piments chiles rouges frais, hachés finement
- 2 gousses d'ail, écrasées
- 30 ml (2 c. à soupe) de gingembre frais, râpé finement
- 5 ml (1 c. à thé) de pâte de crevettes
- 15 ml (1 c. à soupe) de cassonade
- 125 ml (½ tasse) de lait de coco

PRÉPARATION

• Laver les crevettes, mais ne pas les décortiquer et laisser les têtes. Les déposer ensuite dans un plat de verre ou de céramique peu profond.

• Dans un robot de cuisine ou un mélangeur, réduire en purée la citronnelle, les oignons verts, les piments chiles, l'ail, le gingembre et la pâte de crevettes. Ajouter la cassonade et le lait de coco et bien mélanger. Verser ensuite le mélange sur les crevettes et bien mêler. Couvrir et laisser mariner au réfrigérateur pendant 3 à 4 h.

• Préchauffer le barbecue jusqu'à l'obtention d'une chaleur intense. Égoutter les crevettes, les déposer sur la grille et les faire cuire, en les tournant souvent, pendant 5 min ou jusqu'à ce qu'elles changent de couleur. Servir immédiatement.

NOTE : On trouve de la citronnelle fraîche et de la pâte de crevettes dans les épiceries orientales et dans certains supermarchés. On peut aussi acheter de la citronnelle séchée, dans ce cas, la faire tremper dans de l'eau chaude pendant une vingtaine de minutes pour l'amollir avant l'utilisation. Elle est aussi disponible en pot, dans les supermarchés. On utilise cette dernière de la même façon que la citronnelle fraîche.

Sauté de crevettes
et de légumes verts chinois

4 portions

• Dans un bol, mêler les crevettes, le vin, la fécule de maïs et la sauce soja. Couvrir et réfrigérer pendant au moins 30 min.

• Chauffer 60 ml (4 c. à soupe) d'huile dans un wok et faire sauter les crevettes jusqu'à ce qu'elles changent de couleur. Retirer les crevettes du wok, ajouter le reste de l'huile et faire cuire les légumes pendant 2 min.

• Remettre les crevettes dans le wok et ajouter les assaisonnements. Remuer jusqu'à ce que tout soit bien chaud et servir immédiatement.

INGRÉDIENTS

• 750 g (1 ½ lb) de crevettes crues, décortiquées et déveinées
• 15 ml (1 c. à soupe) de vin chinois ou de xérès sec
• 5 ml (1 c. à thé) de fécule de maïs
• 5 ml (1 c. à thé) de sauce soja
• 75 ml (5 c. à soupe) d'huile
• 12 pois mange-tout
• 1 barquette de pois mange-tout ou un chou chinois

ASSAISONNEMENTS
• 2 ml (½ c. à thé) de sel
• 2 ml (½ c. à thé) de sucre
• 10 ml (2 c. à thé) de sauce soja
• 5 ml (1 c. à thé) d'huile de sésame

Crevettes panées au chile et à la noix de coco

INGRÉDIENTS

- 3 œufs, légèrement battus
- 2 ml (½ c. à thé) d'assaisonnement au chile
- 500 ml (2 tasses) de chapelure de pain rassis
- 125 g (4 oz) de filaments de noix de coco
- 24 crevettes crues, décortiquées et déveinées, mais avec les queues intactes
- 250 ml (1 tasse) de farine
- Huile végétale pour grande friture

PRÉPARATION

- Mélanger les œufs et l'assaisonnement au chile dans un bol peu profond. Dans un autre bol peu profond, mêler la chapelure et la noix de coco.

- Rouler les crevettes dans la farine pour bien les enrober, puis les tremper dans le mélange d'œuf assaisonné. Les rouler ensuite dans le mélange de chapelure pour bien les enrober, encore une fois.

- Chauffer l'huile dans une bassine à friture jusqu'à ce qu'elle soit assez chaude pour dorer un cube de pain en 50 secondes. Faire frire les crevettes panées, quelques-unes à la fois en les plongeant dans l'huile chaude pendant 2 min ou jusqu'à ce qu'elles soient dorées et croustillantes. Égoutter sur du papier essuie-tout.

Crevettes vapeur avec sauce soja parfumée au gingembre

4 portions

- Laver la coriandre, l'effeuiller, couper les racines, puis hacher grossièrement les tiges. Réserver les feuilles. Dans une casserole, verser environ 2,5 cm (1 po) d'eau, puis ajouter les tiges de coriandre hachées.

- Pour faire la sauce, peler et râper finement le gingembre. Chauffer les huiles jusqu'à ce qu'elles fument presque, puis retirer la poêle du feu et ajouter le gingembre et les oignons verts. Laisser refroidir pendant 15 min, puis y verser la sauce soja.

- Tapisser le fond du panier d'une grande marmite à vapeur de feuilles de coriandre et y déposer les crevettes en une seule couche. Saler un peu, puis recouvrir les crevettes d'autres feuilles de coriandre. Couvrir la marmite et cuire à la vapeur de l'eau contenant les tiges de coriandre pendant 5 min ou jusqu'à ce que toutes les crevettes soient roses.

- Retirer du feu et servir avec la sauce soja parfumée au gingembre.

- 1 bouquet de coriandre fraîche
- Un morceau de gingembre frais de 5 cm (2 po)
- 30 ml (2 c. à soupe) d'huile de sésame
- 30 ml (2 c. à soupe) d'huile végétale
- 30 ml (2 c. à soupe) d'oignons verts émincés
- Sauce soja légère
- 1 kg (2 lb) de crevettes petites – moyennes, crues
- Sel, au goût

Crevettes vapeur avec sauce soja parfumée au gingembre

Crevettes tigrées et trempette à l'orientale

- Pour faire la trempette, mélanger tous les ingrédients et assaisonner au goût.

- Chauffer l'huile dans une poêle et y faire frire les crevettes pendant 3 à 4 min, ou jusqu'à ce qu'elles soient roses et cuites.

- Disposer les feuilles de laitue sur des assiettes, y placer les crevettes et garnir de coriandre. Servir avec la trempette.

- 15 ml (1 c. à soupe) d'huile de tournesol
- 10 crevettes tigrées crues, décortiquées et déveinées, mais avec les queues intactes
- 4 feuilles de laitue romaine
- Coriandre fraîche pour garnir

TREMPETTE
- 1 gousse d'ail, écrasée
- 2 ml (½ c. à thé) de sucre
- Quelques gouttes de sauce piquante aux piments
- Zeste de lime râpé finement
- Le jus de ½ lime
- 45 ml (3 c. à soupe) d'huile de tournesol
- Sel et poivre, au goût

Chow mein de crevettes au miel

- Chauffer l'huile dans un wok ou une poêle, puis ajouter l'ail et cuire à feu modéré en remuant pendant 30 secondes. Ajouter l'oignon et le céleri et poursuivre la cuisson en remuant pendant 1 min. Ajouter les champignons, les pois mange-tout, les pousses de bambou et les châtaignes d'eau et cuire en remuant 3 min de plus ou jusqu'à ce que les légumes soient tout juste tendres.

- Ajouter les crevettes et cuire encore 2 min en remuant ou jusqu'à ce qu'elles changent de couleur. Verser le miel, le xérès et la sauce soja et cuire encore 2 min ou jusqu'à ce que le mélange soit bien chaud. Parsemer de graines de sésame et servir immédiatement.

- 30 ml (2 c. à soupe) d'huile végétale
- 1 gousse d'ail, écrasée
- 1 oignon, en pétales
- 2 branches de céleri, tranchées
- 125 g (4 oz) de champignons blancs, en tranches
- 60 g (2 oz) de pois mange-tout
- 125 g (4 oz) de pousses de bambou en conserve, égouttées
- 125 g (4 oz) de châtaignes d'eau en conserve, égouttées et tranchées
- 750 g (1½ lb) de grosses crevettes crues, décortiquées et déveinées, mais avec les queues intactes
- 50 ml (¼ tasse) de miel
- 15 ml (1 c. à soupe) de xérès sec
- 15 ml (1 c. à soupe) de sauce soja
- 15 ml (1 c. à soupe) de graines de sésame grillées

INGRÉDIENTS

- 50 ml (¼ tasse) d'huile végétale
- 1 oignon, en tranches
- 3 oignons verts, hachés
- 250 g (½ lb) de porc, en cubes
- 125 g (¼ lb) de crevettes crues, décortiquées (facultatif)
- 1 litre (4 tasses) de riz cuit ou 500 ml (2 tasses) de riz cru, (à faire cuire)
- 1 poivron rouge, haché
- 45 g (1 ½ oz) de raisins secs ou de Smyrne
- 45 g (1 ½ oz) d'arachides ou de noix de cajou (facultatif)
- 5 ml (1 c. à thé) de piment chile rouge frais, haché
- 30 ml (2 c. à soupe) de sauce soja

OMELETTE CHINOISE
- 2 œufs
- 10 ml (2 c. à thé) d'eau
- Poivre noir fraîchement moulu, au goût
- Huile

PRÉPARATION

- Pour faire l'omelette, fouetter les œufs, l'eau et le poivre dans un bol. Chauffer un poêlon ou un wok légèrement huilé, puis y verser la moitié du mélange d'œufs. Faire tournoyer le poêlon ou le wok pour recouvrir le fond d'une mince couche d'œuf. Cuire pendant 1 à 2 min à feu modéré ou jusqu'à ce que l'omelette soit cuite, puis la tourner et chauffer l'autre côté 10 secondes. Enlever l'omelette et la laisser refroidir. Utiliser le reste du mélange d'œuf pour faire une deuxième omelette. Les placer l'une sur l'autre, les rouler et les couper en fines lanières. Réserver.

- Chauffer la moitié de l'huile dans un wok ou un grand poêlon, puis ajouter tout l'oignon. Cuire à feu modéré en remuant pendant 3 à 4 min, ou jusqu'à ce que les oignons soient tendres. Ajouter le porc et poursuivre la cuisson pendant 2 à 3 min, puis ajouter les crevettes (selon le cas) et cuire 1 à 2 min de plus ou jusqu'à ce qu'elles changent de couleur. Verser le mélange dans un bol et réserver.

- Chauffer le reste de l'huile dans le même poêlon, ajouter le riz, le poivron rouge, les raisins et les noix de cajou ou les arachides (selon le cas) ainsi que le piment et la sauce soja. Cuire en remuant pendant 2 min. Incorporer le mélange de porc et chauffer le tout pendant 1 min en remuant. Garnir de lanières d'omelette et servir immédiatement.

CREVETTES À LA MÉDITERRANÉENNE

Les pays qui bordent la Méditerranée comme la France, l'Italie, la Grèce et l'Espagne possèdent tous des caractéristiques particulières qui donnent à chacun un style culinaire tout à fait unique. Pensons aux Espagnols avec leur paella, aux Français avec leur bouillabaisse, aux Italiens, célèbres pour leurs pâtes et aux Grecs, reconnus pour leur utilisation ingénieuse d'herbes, de citron et de fromages. Voici donc une délicieuse sélection de plats méditerranéens aux crevettes !

Risotto aux poireaux et aux crevettes

4 portions

PRÉPARATION INGRÉDIENTS

- 15 g (½ oz) de beurre
- 4 poireaux, tranchés
- 500 g (1 lb) de crevettes moyennes crues, décortiquées et déveinées
- 500 g (1 lb) de riz arborio
- 1 litre (4 tasses) de fumet de poisson ou de fond de légumes, chaud
- 250 ml (1 tasse) de vin blanc sec
- 15 ml (1 c. à soupe) de grains de poivre vert, en conserve, égouttés

• Faire fondre le beurre dans une casserole, puis ajouter les poireaux et cuire à feu doux pendant 8 min, en remuant de temps en temps, ou jusqu'à ce que les poireaux soient tendres, dorés et caramélisés. Ajouter les crevettes et cuire en remuant pendant 3 min ou jusqu'à ce qu'elles commencent à changer de couleur. Enlever le mélange de crevettes de la casserole et réserver.

• Ajouter le riz et cuire à feu modéré, en remuant, pendant 4 min. Verser 175 ml (¾ tasse) de bouillon chaud et 50 ml (¼ tasse) de vin et cuire à feu modéré en remuant constamment jusqu'à ce que le liquide ait été absorbé. Continuer à ajouter du bouillon et du vin tel qu'indiqué ci-dessus, en remuant, et en attendant que le liquide soit absorbé avant d'en ajouter d'autre.

• Remettre la préparation de crevettes dans la casserole, et ajouter le poivre vert. Mêler délicatement et cuire pendant 3 min ou plus jusqu'à ce que tout soit bien chaud.

Pizza aux crevettes et au chile

INGRÉDIENTS

- 1 pâte à pizza congelée
- 45 ml (3 c. à soupe) de pâte de tomates
- 10 ml (2 c. à thé) d'huile végétale
- 5 ml (1 c. à thé) de cumin moulu
- 3 piments chiles rouges frais, épépinés et hachés
- 2 gousses d'ail, écrasées
- 30 ml (2 c. à soupe) de jus de citron
- 500 g (1 lb) de crevettes crues, décortiquées et déveinées
- 1 poivron rouge, en lanières
- 1 poivron jaune ou vert, en lanières
- 30 ml (2 c. à soupe) de coriandre fraîche, hachée
- 30 ml (2 c. à soupe) de fromage parmesan, râpé
- Poivre noir fraîchement moulu

PRÉPARATION

- Placer la pâte à pizza sur une plaque à pâtisserie légèrement huilée et y étendre la pâte de tomates. Réserver.

- Chauffer l'huile dans un poêlon, puis ajouter le cumin, les chiles et l'ail. Cuire à feu modéré en remuant pendant 1 min.

- Ajouter le jus de citron et les crevettes et cuire pendant 3 min ou jusqu'à ce que les crevettes commencent tout juste à changer de couleur et qu'elles soient presque cuites.

- Garnir la pizza de poivrons rouge, jaune ou vert, puis ajouter le mélange de crevettes, la coriandre et le parmesan. Poivrer au goût. Cuire au four pendant 20 min ou jusqu'à ce que la pâte soit dorée et croustillante.

Crevettes épicées et tomates séchées

4 portions

• Chauffer l'huile dans une poêle, puis ajouter les crevettes et les cuire à feu modéré 1 min de chaque côté. Enlever les crevettes avec une écumoire et réserver.

• Verser la pâte de tomates, la cassonade, l'ail, la sauce chile et la coriandre dans la poêle et cuire pendant 1 min.

• Remettre les crevettes dans la poêle, puis ajouter les tomates séchées et bien mêler le tout. Arroser de jus de lime, puis placer les crevettes sur une assiette de service.

• Garnir de germes de mange-tout et servir.

• 45 ml (3 c. à soupe) d'huile d'olive
• 1 kg (2 lb) de crevettes moyennes crues, épluchées, déveinées, avec les queues intactes
• 15 ml (1 c. à soupe) de pâte de tomates
• 10 ml (2 c. à thé) de cassonade
• 2 gousses d'ail, écrasées
• 15 ml (1 c. à soupe) de sauce chile
• 15 ml (1 c. à soupe) de coriandre, hachée
• 175 ml (¾ tasse) de tomates séchées, égouttées
• 15 ml (1 c. à soupe) de jus de lime, frais
• Germes de mange-tout, pour garnir

Coquilles et crevettes en sauce tomate

4 portions

• Cuire l'huile et l'ail à feu modéré dans une casserole à base renforcée jusqu'à ce que l'ail soit doré, puis jeter l'ail.

• Ajouter les tomates à l'huile chaude et les défaire en morceaux à l'aide d'une cuillère de bois. Laisser mijoter pendant environ 8 min. Ajouter le persil, puis saler et poivrer au goût.

• Ajouter les crevettes et cuire jusqu'à ce qu'elles changent de couleur, puis garder au chaud.

• Faire cuire les pâtes dans de l'eau bouillante salée jusqu'à ce qu'elles soient *al dente*. Les égoutter et les placer dans un bol chaud. Verser la sauce sur les pâtes et mêler pour bien les enrober.

• 175 ml (¾ tasse) d'huile d'olive
• 2 gousses d'ail, coupées en deux
• 3 boîtes de 440 g (14 oz) chacune de tomates pelées, égouttées, épépinées
• 30 ml (2 c. à soupe) de persil, haché finement
• sel et poivre noir fraîchement moulu, au goût
• 250 g (½ lb) de crevettes crues, décortiquées et déveinées, mais avec les queues intactes
• 500 g (1 lb) de pâtes en forme de coquilles

Pennes au safran et aux crevettes

4 portions

• Cuire les pâtes selon les indications inscrites sur l'emballage. Égoutter et garder au chaud.

• Pour la sauce, faire fondre le beurre dans une petite casserole, puis incorporer la farine. Cuire à feu modéré pendant 1 min. Retirer la casserole du feu, ajouter le lait, le safran et la sauge, et mélanger au fouet. Remettre la casserole sur le feu et cuire en remuant pendant 3 à 4 min ou jusqu'à ce que la sauce bouille et épaississe.

• Ajouter les crevettes et les pois mange-tout aux pâtes chaudes et mêler. Napper de sauce et servir immédiatement.

INGRÉDIENTS

- 500 g (1 lb) de pennes
- 500 g (1 lb) de crevettes cuites, décortiquées et déveinées
- 125 g (4 oz) de pois mange-tout, blanchis

SAUCE AU SAFRAN

- 30 g (1 oz) de beurre
- 15 ml (1 c. à soupe) de farine
- 250 ml (1 tasse) de lait partiellement écrémé
- 2 ml (½ c. à thé) de filaments de safran ou une pincée de poudre de safran
- 15 ml (1 c. à soupe) de sauge fraîche, hachée ou 2 ml (½ c. à thé) de sauge séchée

Crevettes en sauce verte

- 170 ml (5 ½ oz) de vermouth sec
- 2 à 6 oignons verts, hachés
- 1 brin de persil frais
- 1 feuille de laurier
- 750 g (1 ½ lb) de crevettes crues, décortiquées et déveinées, mais avec les queues intactes
- Sel et poivre noir fraîchement moulu, au goût

SAUCE VERTE
- 3 ou 4 feuilles d'épinards ou de bette à carde, sans les tiges
- 170 g (5 ½ oz) de mayonnaise
- 45 à 60 ml (3 à 4 c. à soupe) de persil frais, haché finement
- 30 ml (2 c. à soupe) de ciboulette fraîche, ciselée
- 15 ml (1 c. à soupe) d'aneth frais, haché finement ou 2 ml (½ c. à thé) d'aneth séché

GARNITURE
- 8 petites feuilles de laitues assorties
- Persil frais haché
- Queues d'oignons verts, en lamelles ou ciboulette ciselée

• Dans une casserole, faire mijoter le vermouth, les oignons verts, le brin de persil et la feuille de laurier. Saler et poivrer au goût. Ajouter les crevettes et laisser mijoter doucement de 2 à 3 min, ou jusqu'à ce qu'elles deviennent tendres et roses. Égoutter et refroidir.

• Pour faire la sauce, cuire les feuilles d'épinards ou de bette à carde à la vapeur, dans une marmite couverte, sur feu modéré, pendant 1 min seulement. Refroidir aussitôt en rinçant à l'eau froide, égoutter et éponger avec du papier essuie-tout. Hacher finement. Verser la mayonnaise dans un bol, ajouter les épinards, le persil, la ciboulette, l'aneth et bien mélanger.

• Pour servir, étendre un peu de sauce en demi-cercle sur quatre assiettes. Placer les crevettes sur la sauce et garnir de feuilles de laitue. Parsemer de persil et de queues d'oignons verts ou de ciboulette.

Riz espagnol aux langoustines et aux crevettes

- 45 ml (3 c. à soupe) d'huile d'olive
- 1 oignon moyen, haché finement
- 2 calmars frais, nettoyés et hachés finement
- 300 g (10 oz) de riz à grains ronds
- 750 ml (3 tasses) d'eau
- Une pincée de filaments de safran
- Sel et poivre, au goût
- 8 à 16 langoustines fraîches ou surgelées
- 500 g (1 lb) de crevettes moyennes crues, fraîches

• Chauffer l'huile dans une bassine à friture épaisse et à l'épreuve des flammes et faire frire les oignons et les calmars à feu doux pendant environ 5 min. Ajouter les tomates et cuire 5 min de plus.

• Incorporer le riz au mélange de calmars et cuire pendant 1 à 2 min. Dans une casserole, porter à ébullition l'eau, le safran et le sel, puis verser sur le riz.

• Ajouter les crustacés, les langoustines entières ou coupées en deux et les crevettes épluchées ou entières et non décortiquées, au goût.

• Laisser mijoter à feu doux jusqu'à ce que le riz soit cuit. Ne pas remuer le riz pendant la cuisson de manière à ce que les fruits de mer restent sur le dessus.

Crevettes et feta

- 1 petit oignon, haché finement
- 15 g (½ oz) de beurre
- 15 ml (1 c. à soupe) d'huile d'olive
- 125 ml (½ tasse) de vin blanc sec
- 4 tomates, pelées, épépinées et hachées
- 1 gousse d'ail, écrasée
- 4 ml (¾ c. à thé) d'origan frais, haché
- Sel et poivre noir fraîchement moulu, au goût
- 125 g (4 oz) de fromage feta, émietté
- 1 kg (2 lb) de crevettes crues, épluchées et déveinées
- 60 ml (4 c. à soupe) de persil frais, haché

• Dans une casserole, faire sauter l'oignon dans le beurre et l'huile d'olive pendant 5 min. Ajouter le vin, les tomates, l'ail et l'origan. Saler et poivrer au goût.

• Porter à ébullition, puis réduire le feu et laisser mijoter jusqu'à ce que la sauce épaississe un peu. Ajouter le fromage, bien mélanger et laisser mijoter encore 10 min en remuant de temps en temps.

• Ajouter les crevettes et cuire à feu modéré pendant 5 min ou jusqu'à ce qu'elles soient tendres. Ne pas trop cuire. Verser dans une assiette et garnir de persil.

Linguines aux fruits de mer

4 portions

- Égoutter les tomates, en réserver le jus, puis les hacher.

- Dans une casserole à base renforcée, faire sauter l'oignon dans l'huile chaude jusqu'à ce qu'il soit transparent et tendre. Ajouter l'ail et faire sauter 1 min de plus. Ajouter les tomates, 250 ml (1 tasse) du jus réservé, le sel, le poivre, le sucre et le basilic. Laisser frémir doucement (non couvert) pendant 20 min.

- Dans une autre casserole, faire mijoter les crevettes et les pétoncles dans le vin pendant 4 min, puis incorporer au mélange de tomates et ajouter le persil. Laisser mijoter un autre 5 min.

- Cuire les linguines dans de l'eau bouillante et salée jusqu'à ce qu'elles soient *al dente*. Égoutter, mettre dans une assiette chaude et napper de sauce. Servir immédiatement.

- 1 oignon, haché finement
- 30 ml (2 c. à soupe) d'huile
- 2 gousses d'ail, écrasées
- 2 boîtes de 425 g (14 oz) de tomates pelées, en morceaux
- Sel et poivre, au goût
- 5 ml (1 c. à thé) de sucre
- 2 ml (½ c. à thé) de basilic séché
- 250 g (½ lb) de crevettes, décortiquées et déveinées
- 250 g (½ lb) de pétoncles
- 250 ml (1 tasse) de vin blanc
- 30 ml (2 c. à soupe) de persil, haché
- 500 g (1 lb) de linguines
- 10 ml (2 c. à thé) de beurre

Crevettes aux épinards

INGRÉDIENTS

- 90 ml (3 oz) d'huile d'olive
- 1 oignon, en dés
- 1 poivron rouge, épépiné et coupé en dés
- 1 gousse d'ail, écrasée
- 2 tomates pelées et coupées en dés
- 1 ½ botte d'épinards, lavés et hachés grossièrement
- 30 ml (2 c. à soupe) de vin blanc sec
- Le jus de 1 citron
- Sel et poivre noir fraîchement moulu, au goût
- 500 g (1 lb) de crevettes crues, décortiquées et déveinées
- Quartiers de citron (pour garnir)

PRÉPARATION

• Chauffer 30 ml (2 c. à soupe) d'huile d'olive dans une casserole et y faire dorer les oignons. Ajouter le poivron rouge, l'ail et les tomates et cuire pendant 7 min. Ajouter les épinards, le vin blanc, le jus de citron, le sel et le poivre.

• Couvrir et laisser mijoter doucement pendant 8 à 10 min (jusqu'à ce que les épinards soient tendres). Retirer du feu, remuer et garder au chaud.

• Chauffer le reste de l'huile dans une grande poêle, puis ajouter les crevettes et faire sauter en remuant constamment jusqu'à ce qu'elles soient cuites (environ 3 min).

• Avec une cuillère, déposer les crevettes sur le mélange d'épinards et mêler délicatement. Servir avec des quartiers de citron.

Linguines avec crevettes et pétoncles dans une sauce aux tomates rôties

4 portions

- Cuire les linguines dans de l'eau bouillante et salée jusqu'à ce qu'elles soient *al dente,* puis réserver.

- Préchauffer le four à 180 °C (350 °F). Couper les tomates en deux et les placer sur une plaque à pâtisserie. Arroser d'un fin filet d'huile d'olive, saupoudrer d'un peu de sel et de poivre et rôtir au four pendant 20 à 25 min.

- Placer ensuite les tomates dans un robot de cuisine et mélanger pendant quelques secondes, sans plus. (La préparation doit garder une certaine texture.)

- Chauffer la moitié de l'huile dans une casserole et faire sauter les pétoncles et les crevettes pendant 2 min, jusqu'à ce qu'ils soient tout juste cuits, puis les retirer de la casserole. Ajouter les calmars et cuire pendant 2 min, puis les enlever de la casserole. Ajouter un peu d'huile au besoin et faire sauter les morceaux de poisson pendant quelques minutes jusqu'à ce qu'ils soient cuits, puis les retirer de la casserole.

- Chauffer le reste de l'huile et faire sauter l'ail et les oignons pendant quelques minutes jusqu'à ce qu'ils soient cuits. Ajouter la préparation de tomates, la pâte de tomates et l'eau, et faire mijoter pendant 10 min. Ajouter délicatement le poisson et les fruits de mer à la sauce. Saler et poivrer au goût, ajouter le persil haché et mêler délicatement.

- Servir avec les linguines et du fromage parmesan.

INGRÉDIENTS

- 400 g (13 oz) de linguines
- 1 kg (2 lb) de tomates
- Huile d'olive (un fin filet pour verser sur les tomates)
- Sel et poivre, au goût
- 90 ml (3 oz) d'huile d'olive (en plus de la quantité ci-dessus)
- 200 g (7 oz) de pétoncles
- 200 g (7 oz) de crevettes crues, épluchées
- 150 g (5 oz) de calmars, en rondelles
- 200 g (7 oz) de morceaux de poisson blancs, fermes
- 3 gousses d'ail, écrasées
- 2 oignons dorés, en dés
- 15 ml (1 c. à soupe) de pâte de tomates (facultatif)
- 90 ml (3 oz) d'eau
- 1/2 bouquet de persil, haché
- Fromage parmesan, au goût

Linguines avec crevettes et pétoncles dans une sauce aux tomates rôties

Spaghetti marinara

4 portions

- Cuire les spaghetti selon les indications inscrites sur l'emballage. Égoutter et garder au chaud.

- Chauffer l'huile et le beurre dans une poêle, puis ajouter les oignons. Cuire à feu modéré en remuant pendant 4 min ou jusqu'à ce qu'ils soient dorés.

- Ajouter les tomates, le basilic et le vin, bien mélanger et laisser mijoter pendant 8 min. Ajouter les moules, les pétoncles et les crevettes et poursuivre la cuisson pendant 2 min.

- Ajouter les calmars et cuire 1 min ou jusqu'à ce que les crustacés soient cuits. Verser sur les pâtes chaudes et servir immédiatement.

- 500 g (1 lb) de spaghetti
- 10 ml (2 c. à thé) d'huile végétale
- 10 ml (2 c. à thé) de beurre
- 2 oignons, hachés
- 2 boîtes de 440 g (14 oz) de tomates, non égouttées et en purée
- 30 ml (2 c. à soupe) de basilic frais, haché ou 5 ml (1 c. à thé) de basilic séché
- 50 ml (¼ tasse) de vin blanc sec
- 12 moules, brossées et ébarbées
- 12 pétoncles
- 12 crevettes crues, décortiquées et déveinées
- 125 g (4 oz) de calmars, en rondelles

Crevettes à l'ail et au romarin

- 500 g (1 lb) de crevettes crues, décortiquées et déveinées
- 2 gousses d'ail, écrasées
- 45 ml (3 c. à soupe) d'huile d'olive
- 1 ml (¼ c. à thé) de poivre noir moulu
- 2 brins de romarin frais
- 45 ml (3 c. à soupe) de beurre
- 125 ml (½ tasse) de vermouth sec

• Dans un grand bol, bien mélanger les crevettes, l'ail, l'huile d'olive, le poivre et le romarin. Couvrir et laisser mariner au réfrigérateur pendant 8 h ou toute la nuit.

• Dans une grande poêle, faire fondre le beurre à feu vif, puis ajouter les crevettes et la marinade et faire sauter jusqu'à ce que les crevettes deviennent roses, environ 2 min.

• Enlever les crevettes avec une écumoire et les mettre dans un bol. Jeter les brins de romarin. Verser le vermouth dans la poêle et porter à ébullition. Laisser réduire jusqu'à consistance plus épaisse.

• Remettre les crevettes dans la sauce et mêler pour bien les enrober. Avec une cuillère, disposer les crevettes dans une assiette et servir immédiatement.

Crevettes à la sauce tomate

INGRÉDIENTS PRÉPARATION

- 60 g (2 oz) de beurre
- 1 gros oignon, haché finement
- 1 gousse d'ail, écrasée
- 4 grosses tomates mûres, pelées et hachées
- 15 ml (1 c. à soupe) de pâte de tomates
- 500 ml (2 tasses) de vin blanc sec
- 1 feuille de laurier
- Sel et poivre, au goût
- 1 kg (2 lb) de crevettes cuites
- 6 échalotes, hachées

• Chauffer le beurre dans la poêle, puis ajouter les oignons et l'ail. Cuire jusqu'à ce que les oignons soient tendres.

• Ajouter les tomates, la pâte de tomates, le vin et la feuille de laurier. Saler et poivrer au goût. Porter à ébullition, puis réduire le feu et laisser frémir doucement (sans couvrir) pendant 30 min ou jusqu'à ce que la sauce soit réduite et qu'elle ait épaissi. Enlever la feuille de laurier.

• Ajouter les crevettes décortiquées et les échalotes hachées et laisser mijoter jusqu'à ce que les crevettes soient bien réchauffées.

Salade de carottes et de crevettes à l'espagnol

- 750 g (1 ½ lb) de carottes
- 4 gousses d'ail
- 15 ml (1 c. à soupe) de romarin frais
- 50 ml (¼ tasse) d'huile d'olive vierge
- 5 ml (1 c. à thé) de cumin moulu
- 10 ml (2 c. à thé) de paprika doux
- 45 ml (3 c. à soupe) de vinaigre de vin blanc
- Sel et poivre fraîchement moulu, au goût
- 500 g (1 lb) de grosses crevettes cuites, décortiquées, mais avec les queues intactes
- ¼ de bouquet de persil, haché

• Peler et parer les carottes, puis les couper de biais en tranches de 5 mm (¼ po) d'épaisseur. Les plonger dans de l'eau bouillante salée et cuire de 3 à 4 min ou jusqu'à ce qu'elles soient presque tendres, puis égoutter.

• Éplucher l'ail et piler au mortier avec le romarin.

• Chauffer 5 ml (1 c. à thé) d'huile dans un petit poêlon, puis ajouter le mélange d'ail et de romarin, le cumin et le paprika. Faire sauter pendant 1 à 2 min. Retirer le poêlon du feu, y verser le reste de l'huile et le vinaigre de vin blanc. Mélanger au fouet. Saler et poivrer au goût.

• Verser la sauce au romarin chaude sur les tranches de carottes et les crevettes cuites. Bien mêler et réfrigérer pendant au moins 4 h. Servir la salade froide ou à la température de la pièce. Garnir de persil frais.

Petites coquilles au homard et aux crevettes

6 portions

• Cuire les pâtes selon les indications inscrites sur l'emballage. Égoutter et garder au chaud.

• Arroser les crevettes de jus de citron et réfrigérer. Après avoir nettoyé et décortiqué le homard, le trancher en rondelles et arroser celles-ci de jus de citron.

• Faire fondre le beurre dans un poêlon et y cuire l'oignon et l'ail. Mêler la pâte et la purée de tomates ainsi que le vin, puis ajouter au mélange d'oignon et d'ail.

• Laisser mijoter et une fois la sauce épaissie, incorporer la crème. Ajouter les fruits de mer. Quand tout est bien chaud, servir avec les coquilles cuites. Garnir de persil.

- 500 g (1 lb) de pâtes alimentaires en forme de petites coquilles
- 500 g (1 lb) de crevettes cuites, décortiquées et déveinées
- 1 homard cuit
- Jus de citron
- Beurre
- 1 oignon, haché
- 2 gousses d'ail, écrasées
- 250 ml (1 tasse) de purée de tomates, fraîche
- 15 ml (1 c. à soupe) de pâte de tomates
- 125 ml (½ tasse) de vin blanc
- 175 ml (¾ tasse) de crème
- Persil

Bouillabaisse italienne

4 à 6 portions

INGRÉDIENTS

- 250 ml (1 tasse) d'huile d'olive
- 5 gousses d'ail, écrasées
- 750 ml (3 tasses) de fumet de poisson ou de fond de légumes
- 450 g (15 oz) de tomates en conserve
- 30 ml (2 c. à soupe) de persil, haché
- 30 ml (2 c. à soupe) d'estragon, haché
- Sel et poivre, au goût
- 2 calmars, nettoyés et coupés en rondelles
- 500 g (1 lb) de filets de poisson à chair blanche
- 250 g (8 oz) crevettes crues, décortiquées
- 250 g (8 oz) de pétoncles
- 12 moules
- 12 palourdes (ou autres mollusques)
- 500 g (1 lb) de linguines ou de spaghetti

PRÉPARATION

- Chauffer l'huile dans une grande poêle ou casserole à base renforcée, puis faire dorer l'ail à feu doux.

- Ajouter le fumet de poisson et les tomates grossièrement hachées avec leur jus, le persil, l'estragon, le sel et le poivre et cuire à petits bouillons.

- Ajouter les calmars avec leurs tentacules et cuire pendant 2 min avant d'ajouter le poisson. Couvrir et poursuivre la cuisson pendant 5 min ou jusqu'à ce que les morceaux de poisson et de calmars soient tendres. Enlever le poisson et garder au chaud.

- Faire frémir le bouillon, puis ajouter les crevettes, les pétoncles, les moules et les palourdes et agiter la poêle sur le feu jusqu'à ce que tous les fruits mer soient cuits et les moules ouvertes. Jeter celles qui sont restées fermées et enlever l'ail.

- Vérifier l'assaisonnement et remettre le poisson dans la poêle et lui laisser le temps de se réchauffer.

- Pendant la cuisson du poisson, porter 4 litres (16 tasses) d'eau à ébullition, puis ajouter le sel et les pâtes alimentaires. Cuire jusqu'à ce qu'elles soient *al dente,* puis égoutter.

- Placer les pâtes dans un grand bol et y verser la soupe de poisson et de fruits de mer. Garnir de persil et servir avec du pain frais et une rouille.

LES FAVORITES

Cette dernière section rassemble des mets

qui plairont à coup sûr. Des plats fort appréciés

comme les tacos aux crevettes, le cari

aux crevettes et aux ananas ainsi

que les fameuses crevettes à l'ail sauront

séduire plus d'un de vos sens.

Cari de crevettes aux ananas

4 portions

- Dans un mélangeur ou un robot de cuisine, mélanger la citronnelle, les oignons verts, l'ail, les piments chiles, le curcuma et la coriandre.

- Chauffer l'huile dans un wok, puis ajouter la préparation obtenue précédemment. Cuire pendant 1 min, puis incorporer la pâte de crevettes et la partie la plus fluide du lait de coco. Quand le mélange commence à bouillonner, ajouter les crevettes et le reste du lait de coco en remuant.

- Laisser chauffer pendant quelques minutes, puis ajouter les ananas et laisser mijoter pendant une dizaine de minutes. Servir avec du riz vapeur.

- 1 tige de citronnelle, hachée grossièrement
- 5 oignons verts, parés
- 3 gousses d'ail, épluchées
- 4 piments chiles rouges frais, coupés en deux et épépinés
- 5 ml (1 c. à thé) de curcuma moulu
- 45 ml (3 c. à soupe) de coriandre, hachée
- 90 ml (6 c. à soupe) d'huile végétale
- 2 ml (½ c. à thé) de pâte de crevettes
- 1 boîte de lait de coco
- 500 g (1 lb) de crevettes moyennes crues, décortiquées et déveinées
- 1 boîte de tranches d'ananas, égouttées et coupées en morceaux
- Sel, au goût

Beignets de crevettes et de patates sucrées

12 à 16 beignets

INGRÉDIENTS

- 500 g (1 lb) de grosses crevettes crues, épluchées et déveinées
- 2 oignons verts, hachés finement
- 1 tige de citronnelle, hachée finement
- 15 ml (1 c. à soupe) de gingembre frais, haché finement
- ½ bouquet de coriandre fraîche, hachée finement
- 5 ml (1 c. à thé) de sauce de poisson
- 15 ml (1 c. à soupe) de sauce chile douce
- 30 ml (2 c. à soupe) d'huile d'arachide

PÂTE À FRIRE
- 300 g (10 oz) de patates douces
- 2 ml (½ c. à thé) de curcuma
- 250 ml (1 tasse) de lait de coco
- 125 ml (½ tasse) d'eau
- 60 g (2 oz) de farine à levure
- 60 g (2 oz) de farine de riz
- 15 ml (1 c. à soupe) de polenta

PRÉPARATION

• Hacher grossièrement les crevettes et les mélanger avec les oignons verts, la citronnelle, le gingembre, la coriandre, la sauce de poisson et la sauce chile douce. Laisser marner pendant 1 h.

• Entre-temps, râper les patates douces. Dans un autre bol, bien mêler le curcuma, le lait de coco, l'eau, les farines et la polenta, puis ajouter les patates douces et réserver jusqu'à ce que les crevettes soient prêtes. Puis mélanger les préparations de crevettes et de pâte à frire.

• Chauffer l'huile d'arachide dans une poêle à revêtement antiadhésif et déposer quelques cuillerées du mélange. Cuire à feu modéré 3 min de chaque côté ou jusqu'à ce que le dessous soit doré et croustillant. Tourner et cuire l'autre côté.

• Une fois cuits, enlever les beignets de la poêle et les laisser refroidir sur une grille ou servir immédiatement avec des quartiers de lime. Pour réchauffer les beignets, les laisser sur la grille et mettre cette dernière dans un four chauffé à 200 °C (400 °F) pendant 5 à 10 min.

VARIANTE : Ces beignets peuvent aussi être faits avec du saumon frais coupé en dés, au lieu des crevettes. Utiliser la même marinade et procéder de la même façon. Un mélange de crevettes et de saumon est aussi délicieux.

Crevettes papillon à l'ail,
au chile et au persil

• Faire une incision peu profonde sur le dos des crevettes, puis les aplatir en papillons.

• Dans un bol, mélanger l'huile, le jus de citron, l'ail, les chiles et le persil. Ajouter les crevettes, bien mêler et laisser mariner de 2 à 3 h.

• Chauffer l'huile dans une grande casserole, enfariner les crevettes et les cuire de 2 à 3 min. Égoutter sur du papier essuie-tout.

• Garnir de persil et servir avec des quartiers de citron.

• 1 kg (2 lb) de crevettes crues, décortiquées et déveinées, mais avec les queues intactes (environ 20 crevettes)
• 30 ml (2 c. à soupe) d'huile d'olive
• 15 ml (1 c. à soupe) de jus de citron
• 2 gousses d'ail, écrasées
• 2 piments chiles rouges, épépinés et hachés finement
• 30 ml (2 c. à soupe) de persil, haché
• 125 ml (½ tasse) de farine
• Huile, pour frire
• Citron, pour garnir

Beurre de crevettes

• Faire fondre le beurre dans une poêle à feu modéré jusqu'à ce qu'il ne forme plus d'écume. Ajouter les crevettes et les épices, assaisonner au goût, puis cuire en remuant pendant 2 à 3 min ou jusqu'à ce que les crevettes soient roses et cuites.

• Avec une cuillère, répartir le mélange dans quatre petites terrines individuelles et le presser délicatement dans le récipient. Couvrir le mélange de rondelles de papier d'aluminium, puis mettre le couvercle ou d'autre papier d'aluminium. Réfrigérer pendant 2 à 3 h ou jusqu'à ce que la préparation soit ferme. Servir avec des toasts ou des biscottes.

• 180 g (6 oz) de beurre
• 500 g (1 lb) de crevettes crues, épluchées et coupées en petits morceaux
• 2 ml (½ c. à thé) d'épices mélangées, moulues
• 2 ml (½ c. à thé) de macis, fraîchement râpé
• 2 ml (½ c. à thé) de noix de muscade, fraîchement râpée
• Une pincée de piment de Cayenne
• Poivre noir fraîchement moulu, au goût
• Fines biscottes ou pointes de toasts chauds, pour servir

jambalaya aux crevettes

Jambalaya aux crevettes

- 3 tranches de bacon, coupées en lanières
- 1 gros oignon, haché finement
- 1 poivron vert, en dés
- 1 branche de céleri, hachée
- 3 gousses d'ail, écrasées
- 220 g (7 oz) de riz à grains longs
- 375 à 500 ml (1 ½ à 2 tasses) de fond de volaille bouillant
- 440 g (14 oz) de tomates en conserve, égouttées et réduites en purée
- 10 ml (2 c. à thé) de mélange d'épices cajun
- 5 ml (1 c. à thé) de thym séché
- 500 g (1 lb) de crevettes moyennes, crues, décortiquées et déveinées
- 155 g (5 oz) de jambon fumé, en cubes de 1 cm (½ po)
- 3 oignons verts, hachés finement

• Cuire le bacon dans une poêle à feu modéré pendant 5 min ou jusqu'à ce qu'il soit croustillant. Égoutter sur du papier essuie-tout.

• Ajouter l'oignon à la poêle et cuire en remuant pendant 5 min ou jusqu'à ce qu'il soit tendre, mais non doré. Ajouter le poivron vert, le céleri et l'ail et poursuivre la cuisson 3 min. Ajouter le riz et cuire en remuant fréquemment pendant 5 min ou jusqu'à ce que le riz devienne translucide.

• Verser le bouillon chaud et ajouter les tomates, les épices et le thym. Bien mélanger et porter à ébullition. Couvrir, réduire le feu et laisser cuire doucement pendant 15 min. Incorporer les crevettes et le jambon, couvrir de nouveau et cuire 10 min de plus ou jusqu'à ce que le riz soit tendre et le liquide absorbé. Garnir d'oignons verts et servir immédiatement.

Crevettes à la sauce poivrée

- 45 ml (3 c. à soupe) de beurre
- 75 ml (5 c. à soupe) de farine
- 500 ml (2 tasses) de lait
- 250 ml (1 tasse) de fond de volaille
- Une pincée de piment de Cayenne en poudre
- 2 ml (½ c. à thé) de moutarde sèche
- 30 ml (2 c. à soupe) de xérès
- 125 ml (½ tasse) de crème
- 15 ml (1 c. à soupe) de grains de poivre vert, en conserve, rincés
- 2 kg (4 lb) de crevettes moyennes cuites (épluchées et déveinées)

• Chauffer le beurre dans une grande casserole, incorporer la farine et cuire en remuant pendant 2 min.

• Ajouter graduellement le lait et le fond de volaille et cuire à feu doux en remuant constamment jusqu'à ce que le mélange épaississe et bouille.

• Ajouter la Cayenne, la moutarde, le xérès, la crème, le poivre et les crevettes. Laisser frémir doucement jusqu'à ce que les crevettes soient bien chaudes.

Crevettes à la mode créole

6 portions

PRÉPARATION INGRÉDIENTS

- Chauffer l'huile dans une grosse poêle épaisse et faire sauter les crevettes, l'oignon, le poivron et le céleri pendant quelques minutes pour les attendrir. Ajouter les tomates, le fumet de poisson, le sel, le poivre, la Cayenne et le bouquet garni. Laisser mijoter pendant environ 25 min.

- Enlever les légumes et les crevettes à l'écumoire et réserver. Sur un feu modéré, réduire le liquide de moitié environ, puis remettre les légumes et les crevettes.

- Laisser mijoter pendant 5 min, enlever le bouquet garni, saupoudrer de persil et servir.

INGRÉDIENTS

- 50 ml (¼ tasse) d'huile d'olive
- 1 gros oignon, haché finement
- 1 poivron vert, en lanières
- 1 grosse branche de céleri, en tranches
- 4 grosses tomates mûres, pelées et hachées
- 500 ml (2 tasses) de fumet de poisson (ou de fumet de crevettes préparé avec les têtes et les carapaces des crevettes)
- Sel et poivre fraîchement moulu, au goût
- Une pincée de Cayenne
- 1 bouquet garni
- 1 kg (2 lb) de crevettes crues, décortiquées
- Persil haché

Risotto mexicain aux fruits de mer

INGRÉDIENTS PRÉPARATION

- 500 g (1 lb) de filets de poisson à chair blanche (sans arêtes) comme du tassergal
- 500 g (1 lb) de fruits de mer assortis (crevettes, calmars, pétoncles)
- 30 ml (2 c. à soupe) d'huile d'olive
- 2 gousses d'ail, écrasées
- 1 à 2 ml (1/4 à 1/2 c. à thé) de chile, haché finement
- 15 ml (1 c. à soupe) d'huile d'olive
- 2 oignons, en tranches
- 400 g (13 oz) de riz arborio
- 200 ml (7 oz) de vin blanc
- 2 feuilles de laurier
- 2 pommes de terre, pelées, en cubes
- 2 branches de céleri, en tranches
- 700 ml (23 oz) de fumet de poisson, très chaud
- 2 grosses tomates, hachées
- 125 ml (1/2 tasse) de lait ou de sauce à taco épicée
- 100 ml (3 1/3 oz) de crème
- 1 bouquet de persil, haché
- 5 ml (1 c. à thé) de paprika
- 2 pommes de terre, bouillies, émincées

• Couper les filets de poisson en morceaux d'environ 2,5 cm (1 po) et rincer les fruits de mer. Chauffer l'huile d'olive et faire sauter l'ail, le chile et les morceaux de poisson jusqu'à ce que ces derniers soient opaques, puis les enlever à l'aide d'une écumoire et réserver. Ajouter les fruits de mer à la poêle et les faire sauter jusqu'à ce qu'ils aient changé de couleur et qu'ils soient presque cuits, environ 3 min. Retirer la poêle du feu, remettre le poisson et mêler délicatement. Réserver.

• Dans une grande casserole, chauffer l'huile d'olive et faire sauter les oignons. Ajouter le riz et mélanger pour bien l'enrober. Cuire jusqu'à ce que le riz perde son opacité. Ajouter le vin et laisser mijoter jusqu'à ce que le liquide se soit évaporé. Ajouter les feuilles de laurier, les cubes de pommes de terre, le céleri et 125 ml (1/2 tasse) de fumet de poisson. Mélanger vigoureusement, puis laisser cuire jusqu'à ce que le liquide soit absorbé. Ajouter alors un autre 125 ml (1/2 tasse) de fumet. Continuer ainsi jusqu'à ce qu'il ne reste plus que 75 ml (1/3 tasse) de fumet de poisson.

• Ajouter alors cette quantité de bouillon, les tomates, la sauce à taco, la crème et la moitié du persil. Cuire jusqu'à ce que le bouillon soit presque complètement absorbé. Retirer la casserole du feu, enlever les feuilles de laurier et servir dans des bols individuels sur un lit de fines tranches de pommes de terre bouillies. Garnir d'une abondance de persil et saupoudrer de paprika.

Champignons farcis aux crevettes

4 portions

- 60 ml (4 c. à soupe) d'huile végétale
- 1 petite carotte, en julienne
- 1 branche de céleri, en julienne
- 1/2 poireau ou oignon, en julienne
- 8 gros champignons, sans les pieds
- 125 g (4 oz) de beurre
- 500 g (1 lb) de crevettes crues, décortiquées et déveinées, mais avec les queues intactes
- 4 gousses d'ail, écrasées
- 60 ml (4 c. à soupe) de persil frais, haché
- 45 ml (3 c. à soupe) de jus de citron frais
- Sel et poivre noir fraîchement moulu, au goût

• Chauffer l'huile dans une poêle à feu modéré et cuire les carottes, le poireau ou l'oignon en remuant jusqu'à ce qu'ils soient cuits mais encore croustillants. Avec une écumoire, enlever les légumes et les mettre dans une assiette. Ajouter les champignons à la poêle et les faire cuire, en remuant, 1 min de chaque côté. Disposer les champignons dans un plat allant au four. Chauffer le four à 180 °C (350 °F).

• Faire fondre le beurre et lorsqu'il ne forme plus d'écume, ajouter les crevettes et l'ail. Cuire à feu modéré en remuant jusqu'à ce que les crevettes soient roses et cuites. Ajouter le persil et le jus de citron, saler et poivrer au goût, et cuire en remuant jusqu'à ce que tout soit bien chaud. Retirer la poêle du feu. Réserver quelques crevettes entières pour garnir.

• Couper le reste des crevettes en petits morceaux et en farcir les champignons. Cuire au four pendant 4 à 6 min ou jusqu'à ce que tout soit chaud et bouillonnant. Remettre les légumes dans la poêle, saler et poivrer au goût et bien réchauffer.

• Placer 2 champignons farcis par assiette préalablement chauffée. Accompagner de légumes et garnir avec les crevettes entières. Servir immédiatement.

NOTE : Ce plat est fortement assaisonné d'ail.

INGRÉDIENTS

- 100 g (3 ½ oz) de pois mange-tout
- 250 g (8 oz) de fleurons de brocoli,
- 250 g (8 oz) de pointes d'asperges, parées
- 375 ml (1 ½ tasse) de fumet de poisson
- 250 g (8 oz) de grosses crevettes crues, décortiquées et déveinées, mais avec les queues intactes
- 250 g (8 oz) de filets de poisson à chair blanche et ferme, coupés en cubes de 2 cm (¾ po)
- 250 g (8 oz) de pétoncles
- 125 ml (½ tasse) crème épaisse (35 %)
- 50 ml (¼ tasse) de purée de tomates
- 15 ml (1 c. à soupe) d'estragon frais, haché ou 5 ml (1 c. à thé) d'estragon séché
- Poivre noir fraîchement moulu, au goût

PRÉPARATION

• Cuire séparément les pois mange-tout, le brocoli et les asperges à la vapeur ou au four à micro-ondes, jusqu'à ce qu'ils soient tout juste tendres. Égoutter et rafraîchir sous l'eau froide, puis réserver.

• Dans une grande casserole, porter le fumet de poisson à ébullition, puis ajouter les crevettes, le poisson et les pétoncles. Cuire pendant 5 min ou jusqu'à ce que poisson et fruits de mer soient tout juste cuits, puis les enlever avec une écumoire et réserver.

• Incorporer la crème, la purée de tomates et l'estragon et porter de nouveau à ébullition. Réduire la chaleur et laisser mijoter pendant 10 min ou jusqu'à ce que le bouillon soit réduit du tiers. Remettre les légumes, les fruits de mer et le poisson réservés et cuire pendant 2 min ou jusqu'à ce que tout soit bien réchauffé. Poivrer au goût et servir immédiatement.

Crevettes mexicaines avec salsa

4 portions

• Dans un bol, mélanger les crevettes, le jus de lime, le cumin, la coriandre hachée, les chiles et l'huile. Laisser mariner pendant 5 min.

• Pour faire la salsa, mêler délicatement l'avocat, le jus de citron, le poivron rouge, les oignons verts, l'assaisonnement au chile et les feuilles de coriandre. Réserver.

• Chauffer un poêlon à revêtement antiadhésif, puis ajouter les crevettes. Faire sauter à feu vif en remuant pendant 4 à 5 min ou jusqu'à ce que les crevettes soient cuites. Pour servir, déposer les crevettes sur les tortillas ou les pains et garnir de salsa.

• 750 g (1 ½ lb) de grosses crevettes crues, décortiquées et déveinées
• 30 ml (2 c. à soupe) de jus de lime
• 10 ml (2 c. à thé) de cumin moulu
• 30 ml (2 c. à soupe) de coriandre fraîche, hachée
• 2 piments chiles rouges frais, hachés
• 10 ml (2 c. à thé) d'huile végétale
• 4 tortillas ou pains plats

SALSA À L'AVOCAT
• 1 avocat, dénoyauté, pelé et haché
• 15 ml (1 c. à soupe) de jus de citron
• ½ poivron rouge, haché
• 2 oignons verts, hachés
• 2 ml (½ c. à thé) d'assaisonnement au chile
• 15 ml (1 c. à soupe) de feuilles de coriandre fraîche

Ceviche de crevettes

- 500 g (1 lb) de crevettes moyennes, crues, décortiquées et déveinées
- 175 ml (³/₄ tasse) de jus de lime
- 175 ml (³/₄ tasse) de jus de citron
- 125 ml (¹/₂ tasse) de jus d'orange
- 1 piment chile piquant, frais, en lanières
- 1 gousse d'ail, écrasée
- 5 ml (1 c. à thé) de cassonade
- 1 poivron rouge, en lanières
- ¹/₂ petit oignon rouge, en lamelles
- 30 ml (2 c. à soupe) de coriandre fraîche, hachée
- 2 tomates mûres, épépinées et coupées en dés
- Sel et poivre noir, au goût

- Dans un bol, mélanger les crevettes, les jus d'agrumes, le piment chile, l'ail et la cassonade. Laisser mariner pendant au moins 6 h ou toute la nuit. Cette marinade se trouve à «cuire» les crevettes à froid : elles perdent leur transparence et deviennent opaques.

- Retirer les crevettes de la marinade et mêler avec le reste des ingrédients. Saler et poivrer au goût.

Crevettes papillon aux amandes

4 à 6 portions

- Décortiquer et déveiner les crevettes, mais laisser les queues intactes. Faire une incision le long du dos des crevettes, les ouvrir et les aplatir en papillons.

- Tamiser la farine dans un bol, faire un trou au milieu, puis ajouter l'œuf battu et le lait et y mêler la farine graduellement. Battre jusqu'à consistance lisse.

- Tremper les crevettes dans la pâte à frire, puis les rouler dans les amandes hachées finement.

- Plonger dans l'huile chaude et frire jusqu'à ce qu'elles soient bien dorées.

- 750 g (1 1/2 lb) de crevettes moyennes crues
- 60 g (2 oz) de farine
- 1 œuf
- 90 ml (3 oz) de lait
- 250 g (8 oz) d'amandes, blanchies
- Huile pour grande friture

Tostaditas aux crevettes

4 portions

- Pour faire la garniture, cuire l'épi de maïs et les poivrons sur la grille d'un barbecue préchauffé ou les passer sous le gril du four, jusqu'à ce qu'ils soient légèrement noircis. Égrener le maïs et réserver. Couper les poivrons en lanières et réserver.

- Chauffer 10 ml (2 c. à thé) d'huile dans une poêle, puis ajouter l'oignon. Cuire à feu modéré pendant 4 min ou jusqu'à ce qu'il soit doré. Ajouter les crevettes, les chiles et le jus de lime et cuire encore 2 min ou jusqu'à ce que les crevettes changent de couleur. Ajouter le maïs et les poivrons, bien mêler et réserver.

- Verser 2,5 cm (1 po) d'huile dans une poêle et chauffer à feu modéré jusqu'à ce que l'huile soit assez chaude pour dorer un cube de pain en 50 secondes. Faire frire les tortillas, un à la fois, pendant 45 secondes de chaque côté ou jusqu'à ce qu'ils soient croustillants. Égoutter sur du papier essuie-tout.

- Placer la garniture sur les tortillas, parsemer d'avocat et de menthe et servir immédiatement.

- Huile végétale
- 8 tortillas de maïs
- 1/2 avocat, haché
- 30 ml (2 c. à soupe) de menthe fraîche, ciselée

GARNITURE DE CREVETTES ET DE LÉGUMES
- 1 épi de maïs sucré
- 1 poivron rouge, en quartiers
- 1 poivron jaune, en quartiers
- 1 oignon rouge, en morceaux
- 375 g (12 oz) de crevettes moyennes, crues, décortiquées et déveinées
- 4 piments chiles verts doux, frais, en lanières
- 15 ml (1 c. à soupe) de jus de lime

Tacos aux crevettes

INGRÉDIENTS

- 8 tortillas, chauds
- 155 g (5 oz) de fromage feta, émietté

GARNITURE AUX FRUITS DE MER
- 10 ml (2 c. à thé) d'huile végétale
- 1 oignon, haché
- 2 tomates, hachées
- 375 g (12 oz) de poisson à chair blanche, en cubes
- 250 g (½ lb) de crevettes moyennes crues, décortiquées et déveinées
- 12 pétoncles
- 3 piments chiles verts, frais (de grosseur moyenne), hachés
- 30 ml (2 c. à soupe) d'origan frais, haché
- 5 ml (1 c. à thé) de zeste de citron, râpé finement

PRÉPARATION

- Chauffer l'huile dans une poêle, puis ajouter l'oignon. Cuire à feu vif pendant 4 min ou jusqu'à ce qu'ils soient dorés. Ajouter les tomates et poursuivre la cuisson pendant 5 min. Ajouter le poisson, les crevettes, les pétoncles, les piments chiles, l'origan et le zeste de citron. Cuire en remuant délicatement pendant 3 à 4 min ou jusqu'à ce que le poisson et les fruits de mer soient cuits.

- Verser quelques cuillerées du mélange de fruits de mer au centre de chaque tortilla et saupoudrer de feta. Plier les tortillas et servir immédiatement.

Crevettes au poivre

INGRÉDIENTS

- 750 g (1 ½ lb) crevettes moyennes crues
- 1 petit cube de bouillon de poulet
- 10 ml (2 c. à thé) de fécule de maïs
- 125 ml (½ tasse) d'eau
- 30 ml (2 c. à soupe) de sauce soja
- 15 ml (1 c. à soupe) de xérès, sec
- 30 ml (2 c. à soupe) de sauce tomate
- 1 gousse d'ail, écrasée
- 10 ml (2 c. à thé) de poivre noir, concassé
- 15 ml (1 c. à soupe) de miel
- 30 ml (2 c. à soupe) d'huile
- 500 g (1 lb) de brocoli, coupé en fleurons
- 1 boîte de 425 g (14 oz) de petits épis de maïs, égouttés
- 1 oignon, en tranches
- 1 branche de céleri, émincée
- 1 poivron rouge, émincé
- Fécule de maïs (supplémentaire)
- 15 ml (1 c. à soupe) d'eau (supplémentaire)

PRÉPARATION

- Décortiquer et déveiner les crevettes, mais laisser les queues intactes. Mélanger le cube de bouillon de poulet, la fécule de maïs et l'eau, puis réserver.

- Mélanger la sauce soja, le xérès, la sauce tomate, l'ail, le poivre et le miel dans un grand plat. Ajouter les crevettes, couvrir et réfrigérer pendant plusieurs heures.

- Chauffer l'huile dans un wok ou un grand poêlon, puis ajouter les légumes. Faire sauter en remuant pendant environ 2 min.

- Ajouter les crevettes et la marinade au poêlon et cuire à feu vif, en remuant constamment, jusqu'à ce que les crevettes changent de couleur et qu'elles soient cuites.

- Incorporer un mélange d'un peu de fécule de maïs délayée dans de l'eau et cuire en remuant jusqu'à consistance lisse.

Empanadas aux crevettes

12 chaussons

- Pour faire la pâte à empanada, mélanger la farine et le beurre au robot de cuisine jusqu'à l'obtention d'une texture granuleuse. Puis, avec le robot en fonction, ajouter suffisamment d'eau tiède pour que la pâte devienne lisse. Pétrir la pâte à la main sur une surface légèrement enfarinée pendant 3 min, puis la diviser en 12 portions. Couvrir d'un linge humide et réserver.

- Pour préparer la garniture, chauffer l'huile dans une poêle, puis ajouter l'oignon, l'origan et le thym citronné. Cuire à feu modéré pendant 4 min ou jusqu'à ce que l'oignon soit doré. Ajouter les crevettes, les tomates et les piments et laisser mijoter 5 min ou jusqu'à ce que le mélange soit réduit et qu'il ait épaissi. Refroidir.

- Avec un rouleau, abaisser chaque morceau de pâte en un cercle d'environ 18 cm (7 po) de diamètre et 3 mm (⅛ po) d'épaisseur. Déposer 45 ml (3 c. à soupe) de garniture sur une moitié du cercle de pâte et fermer en pliant. Presser les bords pour sceller.

- Chauffer l'huile dans une casserole jusqu'à ce qu'elle soit assez chaude pour dorer un cube de pain en 50 secondes, puis frire les empanadas, quelques-uns à la fois, pendant 2 à 3 min ou jusqu'à ce qu'ils soient dorés et croustillants. Égoutter sur du papier essuie-tout et servir.

- Huile végétale pour grande friture

PÂTE POUR EMPANADAS
- 350 g (2 ¾ tasses) de farine
- 60 g (2 oz) de beurre amolli
- 175 ml (¾ tasse) d'eau tiède

GARNITURE DE CREVETTES AUX PIMENTS
- 10 ml (2 c. à thé) d'huile végétale
- 1 oignon, haché
- 15 ml (1 c. à soupe) de feuilles d'origan frais
- 10 ml (2 c. à thé) de feuilles de thym citronné frais
- 500 g (1 lb) de crevettes crues, épluchées
- 2 tomates vertes, pelées et hachées
- 4 piments poblanos, grillés, pelés, épépinés et hachés
- 5 champignons blancs, émincés
- ¼ de laitue, en lanières
- 2 oignons verts, émincés

Crevettes à l'ail et au vin blanc

INGRÉDIENTS

- Huile végétale
- 6 gousses d'ail, écrasées
- ½ bouquet de persil, haché
- 1 feuille de laurier
- 1 piment chile rouge, haché
- 1 kg (2 lb) de crevettes crues, décortiquées et déveinées
- 125 ml (½ tasse) de vin blanc
- Sel et poivre noir, au goût

PRÉPARATION

- Chauffer l'huile et cuire l'ail à feu modéré pendant 2 min.

- Ajouter le persil, la feuille de laurier, le piment chile et les crevettes et faire sauter à feu vif pendant 2 min.

- Ajouter le vin et poursuivre la cuisson pendant 3 min jusqu'à ce que les crevettes soient cuites et que le vin soit réduit de moitié environ. Saler et poivrer au goût.

Glossaire

al dente: Terme italien signifiant qu'un ingrédient cuit est tendre, mais encore ferme; s'applique habituellement aux pâtes.

arroser: Verser un liquide ou du gras, à la cuillère ou au pinceau, sur un aliment pendant la cuisson pour éviter qu'il ne dessèche.

blanchir: Plonger dans de l'eau bouillante et dans certains cas, ensuite dans de l'eau froide. On blanchit les fruits et les noix pour en faciliter l'épluchage.

bouquet garni: Regroupement d'éléments aromatiques, généralement composé de tiges de persil, de brindilles de thym, de marjolaine, de romarin, d'une feuille de laurier, de grains de poivre et de clou de girofle, ficelés dans une mousseline à fromage et que l'on utilise pour parfumer ragoûts et pot-au-feu.

brunoise (en): Coupe d'un aliment en minuscules dés.

concasser: Couper grossièrement (des tomates concassées), écraser en petits morceaux, mais sans réduire en poudre (des grains de poivre concassés).

couscous: Semoule de blé sous forme de granules, traditionnellement cuite à la vapeur et servie avec de la viande et des légumes dans le mets nord-africain du même nom.

cube (en): Coupe d'un aliment en morceaux réguliers à six faces de dimensions égales.

dés (en): Coupe d'un aliment en petits cubes.

décortiquer: Débarrasser un crustacé de sa carapace pour n'en garder que la chair.

déveiner (des crevettes): Enlever la veine noire qui se trouve enfouie peu profondément sur le dos de la crevette.

dissoudre: Incorporer un ingrédient sec dans un liquide jusqu'à ce qu'il s'y mêle parfaitement et que le mélange soit homogène.

dorer: Cuire des aliments dans une petite quantité de gras jusqu'à ce qu'ils prennent une coloration dorée.

ébarber: Retirer les filaments des moules. Les filaments, ou la barbe, permettent aux moules de se fixer sur des supports immobiles.

effiler: Tailler des amandes (ou parfois du céleri ou de la rhubarbe) en lamelles très minces dans le sens de la longueur.

égrener: Détacher les grains d'un végétal de leur grappe ou de leur épi.

enrober: Recouvrir un aliment d'une fine couche de farine, de sucre, de noix, de chapelure, de graines de sésame ou de pavot, de cannelle ou d'autres épices.

filet: Chair de bœuf, d'agneau de porc ou de veau prélevée le long de la colonne vertébrale; poitrine de volaille; chair de poisson levée de chaque côté du squelette osseux.

fond (de cuisine): Liquide très aromatisé préparé en faisant cuire des os de viandes et des légumes aromatiques dans de l'eau. Il existe aussi des fonds de légumes préparés exclusivement à partir de légumes. On réserve le nom de fumet aux fonds de poisson.

fondre: Rendre liquide sous l'action de la chaleur.

fouetter: Battre rapidement pour y faire pénétrer des bulles d'air et produire une expansion.

frémir: Cuire des aliments dans un liquide maintenu à une température proche du point d'ébullition (dans un ustensile non couvert).

fumet de poisson: Bouillon parfumé et très concentré qui provient de la longue cuisson d'arêtes et de parures de poissons dans un liquide aromatisé (eau, vin blanc, céleri, carotte, poireau, oignon, bouquet garni).

galette: Préparation sucrée ou salée en forme de gâteau rond et plat.

hacher: Réduire en très petits morceaux.

huile de sésame orientale ou foncée : Huile foncée, faite de graisses polyinsaturées, son point d'inflammation est bas et on l'utilise pour assaisonner. Ne pas la remplacer par une huile de sésame plus légère.

huile d'olive : Huile extraite de la pression de la pulpe d'olive. L'huile d'olive vierge extrafine, au goût plein et fruité, a le taux d'acidité le plus faible. L'huile d'olive vierge, au goût un peu plus léger, a un taux d'acidité un peu plus élevé. L'huile d'olive pure est un mélange d'huiles d'olive raffinées et c'est celle dont le taux d'acidité est le plus élevé et le goût le plus léger.

incorporer : Ajouter un élément à une préparation en mélangeant pour l'y faire pénétrer complètement.

infuser : Immerger des herbes, des épices ou d'autres aromates dans un liquide chaud pour l'en parfumer. Le processus nécessite de deux à cinq minutes selon l'aromate. Le liquide doit être très chaud sans être bouillant.

julienne (en) : Coupe d'aliments en filaments très minces.

macérer : Faire tremper des aliments dans un liquide aromatique pour les amollir ou les attendrir.

marinade : Mélange liquide assaisonné, habituellement composé d'huile et d'un liquide acide, dans lequel on laisse tremper des viandes ou autres aliments pour les attendrir et les aromatiser.

marinara : Terme italien signifiant « à la marinière ». Ne s'applique pas à un mélange particulier d'aliments. La sauce tomate marinara pour les pâtes est la plus populaire des sauces « à la marinière ».

mariner : Faire tremper des aliments dans un liquide aromatisé pour les attendrir et les parfumer avant de les apprêter.

mélanger : Incorporer plusieurs aliments les uns avec les autres en remuant.

mêler : Mélanger plusieurs éléments pour en faire une seule et même préparation. Répartir également un assaisonnement en mélangeant à la main.

mijoter : Cuire à petits bouillons juste sous le point d'ébullition.

mirin : Alcool de riz japonais édulcoré utilisé pour la cuisine. Peut être remplacé par un mélange égal de sucre et de saké (ou encore de xérès ou de vin blanc).

napper : Couvrir un aliment cuit avec de la sauce.

papillon : En forme de papillon. Inciser un aliment de manière à pouvoir l'ouvrir pour qu'il ressemble à un papillon. On coupe ainsi des côtelettes de viande, des crevettes et des filets de poisson épais afin de les cuire plus rapidement.

parer : Préparer un aliment en enlevant les parties inutiles ou non comestibles.

pâte de crevettes : Pâte grise, épaisse et crémeuse, préparée à partir de crevettes salées fermentées et séchées au soleil.

peler : Enlever la peau (la pelure) d'un fruit ou d'un légume, cru ou cuit.

pétrir : Travailler la pâte du plat de la main pour la presser, l'étirer et la plier.

purée : Préparation d'aliments, habituellement des fruits ou des légumes, en pâte lisse obtenue en passant les aliments au tamis, au moulin, au robot de cuisine ou au mélangeur.

rafraîchir : Refroidir rapidement un aliment chaud, en le plongeant sous le jet du robinet ou dans de l'eau glacée, pour l'arrêter de cuire. Surtout utilisé pour les légumes et parfois pour les fruits de mer.

réduire : Cuire à feu vif, sans couvercle, pour laisser évaporer une certaine quantité de liquide.

salsa: En Italie, le terme est souvent utilisé pour les sauces qui nappent les pâtes. Au Mexique, le terme s'applique à des sauces non cuites servies comme accompagnement, surtout avec des croustilles de maïs.

sambal ulek: Sauce indonésienne d'usages multiples au goût très piquant préparée à partir de piment rouge, d'oignon râpé, de lime, de sel, de vinaigre et de sucre.

sashimi: Spécialité japonaise: petite bouchée de poisson cru, de crustacé ou de mollusque également crus, découpés en fines tranches et généralement servis avec du wasabi et du gingembre.

sauce aux huîtres: Spécialité cantonaise principalement composée d'huîtres fermentées, de fécule de maïs et de caramel.

sauce de poisson: Très populaire dans la cuisine du sud-est asiatique. Obtenue à partir de la fermentation de poissons salés, en général des anchois ou des maquereaux. (*nam pla* est la variété thaïlandaise).

saupoudrer: Parsemer un aliment d'un ingrédient sec comme de la farine ou du sucre.

sauter: Cuire ou dorer des aliments, à feu vif, dans un peu de gras.

tamiser: Passer un aliment sec à travers un tamis ou une passoire pour éliminer les grumeaux ou donner de la légèreté.

tapisser: Couvrir l'intérieur d'un contenant de papier (sulfurisé, par exemple) pour faciliter le démoulage ou d'un élément décoratif (feuilles de laitue, par exemple) pour enjoliver la présentation.

vinaigre balsamique: Vinaigre de vin, doux et très parfumé, fabriqué dans le nord de l'Italie. De façon traditionnelle, le vinaigre est vieilli pendant au moins sept ans dans une série de fûts en bois d'essences différentes.

vinaigre de riz: Vinaigre doux et parfumé moins sucré que le vinaigre de cidre et moins âpre que le vinaigre de malt distillé. Le vinaigre de riz japonais est plus doux que la variété chinoise.

wasabi: Racine de raifort japonais surtout vendue en poudre (aussi en pâte dans un tube). On délaye la poudre dans l'eau pour en faire une pâte au goût très piquant.

zeste: Partie extérieure et superficielle d'un agrume qui contient l'huile parfumée. On le pèle à l'économe ou on le râpe avec un couteau à zester ou une râpe pour le séparer de l'écorce blanche sous-jacente qui est amère.

Index

Avocats farcis aux fruits de mer, 33
Beignets de crevettes et de patates sucrées, 119
Beurre de crevettes, 120
Bisque de crevettes, 15
Bisque de crevettes à l'américaine, 15
Bœuf et crevettes aux nouilles, 68
Bouillabaisse, 21
Bouillabaisse italienne, 115
Brochettes de crevettes, 56
Brochette de crevettes et d'avocat, 55
Brochettes de crevettes aux graines de sésame, 47
Brochettes de crevettes et de pétoncles, 61
Cari de crevettes aux ananas, 118
Cari de crevettes citronnées, 72
Ceviche de crevettes, 131
Champignons farcis aux crevettes, 126
Chaudrée californienne dans un pain 10
Chow mein de crevettes au miel, 94
Coquilles et crevettes en sauce tomate, 100
Crêpes vietnamiennes et trempette, 78
Crevettes à l'ail et au romarin, 111
Crevettes à l'ail et au vin blanc, 137
Crevettes à l'ail, mode thaïlandaise, 77
Crevettes à la citronnelle, 89
Crevettes à la mode créole, 124
Crevettes à la sauce poivrée, 123
Crevettes à la sauce tomate, 113
Crevettes au bacon, 50
Crevettes au beurre de coriandre, 80
Crevettes au gingembre, 69
Crevettes au miel et au chile, 52
Crevettes au poivre, 135
Crevettes aux épinards, 107
Crevettes barbecue au chile, 56
Crevettes en sauce verte, 103
Crevettes épicées au chile, 44
Crevettes épicées et tomates séchées, 100
Crevettes et feta, 105
Crevettes et pétoncles à la noix de coco, 71

Crevettes frites à la mode asiatique, 86
Crevettes grillées à la vietnamienne, 50
Crevettes marinées au barbecue, 46
Crevettes marinées enveloppées, de bacon 60
Crevettes mexicaines avec salsa, 130
Crevettes panées au chile et à la noix de coco, 91
Crevettes papillon, 67
Crevettes papillon à l'ail, au chile et au persil, 122
Crevettes papillon aux amandes, 132
Crevettes sautées au chile, 73
Crevettes sésame-coco, avec salsa à la mangue, 83
Crevettes teriyaki, 53
Crevettes tigrées et trempette à l'orientale, 94
Crevettes vapeur avec sauce soja parfumée au gingembre, 92
Croquettes de crevettes au sésame, 85
Empanadas aux crevettes, 136
Fruits de mer et légumes verts, 129
Gaspacho de crevettes et de maïs, 18
Jambalaya aux crevettes, 123
Kebabs de crevettes au chile et au sésame, 55
Kebabs de pétoncles et de crevettes, 49
Linguines avec crevettes et pétoncles dans une sauce aux tomates rôties, 108
Linguines aux fruits de mer, 106
Nasi Goreng, 95
Nids printaniers, 74
Nouilles sautées à la thaïlandaise (Pad Thaï), 77
Nouilles Singapour, 86
Paella aux fruits de mer, 59
Pennes au safran et aux crevettes, 102
Petites coquilles au homard et aux crevettes, 114
Pizza aux crevettes et au chile, 99
Potage de crabe et de crevettes, 23
Potage espagnol au poisson et au safran, 16

Risotto aux poireaux et aux crevettes, 98
Risotto mexicain aux fruits de mer, 125
Riz espagnol aux langoustines et aux crevettes, 105
Riz frit aux crevettes, 83
Salade de carottes et de crevettes à l'espagnole, 113
Salade de couscous aux fruits de mer et à la menthe fraîche, 37
Salade de crevettes, d'avocat et de mangue, 34
Salade de crevettes et d'ananas, 40
Salade de crevettes et d'avocat, 28
Salade de crevettes et de haricots verts, sauce à l'aneth, 34
Salade de crevettes et de papaye, 31
Salade de crevettes et de pétoncles, 40
Salade de crevettes et de pois mange-tout à la sauce chile, 39
Salade de crevettes sri lankaise, 37
Salade de fruits de mer, 38
Salade de légumes et de fruits de mer, 26
Salade de pêches et de crevettes, 26
Salade de tomates, maïs et crevettes, 32
Salade méditerranéenne, 29
Satés de crevettes, 49
Sauté de crevettes au tamarin, 84
Sauté de crevettes et de légumes verts chinois, 90
Sauté de crevettes tigrées, de pois mange-tout et de mangue, 80
Soupe au poulet et aux crevettes, 13
Soupe aux crevettes épicée, 17
Soupe de crevettes aigre piquante, 12
Soupe Wonton aux crevettes, 22
Spaghetti marinara, 110
Sushis au thon et aux crevettes, 79
Tacos aux crevettes, 135
Tempura au chile, 64
Toasts aux crevettes, 64
Tom Yam Gong, 22
Tostaditas aux crevettes, 132

LA PRÉPARATION DES CREVETTES   6

ACHAT ET CONSERVATION   7

SOUPES DE CREVETTES   9

SALADES DE CREVETTES   25

CREVETTES AU BARBECUE   43

CREVETTES À L'ORIENTALE   63

CREVETTES À LA MÉDITERRANÉENNE   97

LES FAVORITES   117

GLOSSAIRE   138

INDEX   141

Achevé d'imprimer au Canada
en octobre 2002
sur les presses de l'imprimerie Interglobe Inc.